労働政策研究報告書 No.202
2019年3月

中国におけるシェアリング・エコノミー下の「新たな就労形態」と就労者保護
——その光と影

独立行政法人　労働政策研究・研修機構
The Japan Institute for Labour Policy and Training

ま え が き

　近年、世界的に、「新たな就労形態」が注目されている。すなわち「労務給付」自体ではなく、「労務給付の成果」を受領することや、労務給付を直接受領するのではなく、第三者に受領させる、又は労務需給の仲介役として当事者間に入る等の就労形態が現れ、伝統的な労働法規制が抜本的な見直しを迫られている。日本においても働き方改革の一環として、「雇用類似の働き方」に関する検討が始まったが、諸外国でもこうした新たな就労形態をめぐる議論が巻き起こっている。これは欧米先進諸国だけではなく、シェアリング・エコノミーの発展の著しい中国においても同様である。

　日本の場合、様々な雇用類似の働き方は従前から利用されてきており、シェアリング・エコノミーの下での新たな就労形態も、その延長線上にあると理解される。一方、中国の場合、多くの雇用類似の働き方に「シェアリング・エコノミー」関係の要素が導入され、製造業等に従事してきた多くの典型的な労働者は、より高い報酬額を求めて、「新たな就労形態」で就労するようになった。その意味では、中国において、「シェアリング・エコノミーの下での新たな就労形態」は、「雇用類似の働き方」と同義の場合が多い。

　シェアリング・エコノミーに対して、中国政府は基本的に裁判例の蓄積を待ち、機が熟した後にこれを立法によって規制するスタンスを維持している。しかしながら、シェアリング・エコノミーの発展とプラットフォーム就労者の急激な増加に伴い、労働関係認定訴訟が急増している。そして、2016年7月、中国交通運輸部がネット配車サービスを対象とする特別規制を作り、就労形態に関係なく、プラットフォーマーと運転手の意思により、労働契約又は請負契約の締結を選択可能にした。

　中国におけるシェアリング・エコノミーの規模、その従事者数、蓄積された裁判例、施行された規制の独自性等に鑑みて、中国のシェアリング・エコノミーの利用状況、それに関連する就労者保護問題、これらの問題をもたらした原因、並びに検討されている法的対応策等を様々な角度から分析することは大いに意義があると思われるし、日本の今後の政策に対しても示唆を与えるものであろう。

　本報告書の分析によって明らかにされた中国労働法規制全般の特徴として、労働者概念が法定されていないこと、書面での労働契約の締結が重要視されること、労働関係認定基準が明確ではなく、学説上の整理と立法者の意図が必ずしも一致していないこと等がある。また、中国労働法上、労働者の概念が定義されていなかったこと、比較法的な視点から見ると、中国労働契約法が日本でいう労働基準法と労働契約法としての性質を兼ね備えること等が指摘される。

　労働政策論的な視点から見れば、シェアリング・エコノミーの利用を促進することによる、多くの就労機会の創出という目標と、新たな就労形態の下での就労者にも一定程度の法的保護を与えなければならないという目標をどう整合するかが問題となる。新たな就労形態に対する法規制を設けようとするときに、必ず直面するパラドックスである。本報告書によって、中国の現状と労働政策制定者の取り組みを明らかにし、今後日本における政策決定の一助となれば幸いである。

2019年　3月

独立行政法人　労働政策研究・研修機構
理事長　樋　口　美　雄

研究担当者		
氏　名	所　属	
仲　琦	労働政策研究・研修機構　研究員	第1章、第5章 資料編
涂　偉	中国労働・社会保障科学研究院研究員	第2章
張　韻	中国人民大学法学院民商法学、労働法・社会保障法専攻博士課程	第3章
于　汇	中国人民大学法学院民商法学、労働法・社会保障法専攻博士課程	第4章
石川　茉莉	労働政策研究・研修機構　アシスタントフェロー	

※本報告書のとりまとめ及び第2～第4章の日本語訳は仲が行った。

目　次

第1章　本研究の趣旨と報告書の構成 1

第2章　中国の非典型就労——その新たな傾向と労働法体系が直面する挑戦 5
　第1節　導入 5
　第2節　中国の非典型就労とその新たな傾向 6
　第3節　中国のネットプラットフォーム就労の現状 9
　第4節　中国労働法体系への挑戦 12

第3章　シェアリング・エコノミーの下での中国労働関係の展開、挑戦と法的対応 .. 24
　第1節　中国労働関係の発展、特徴と挑戦 24
　第2節　労働関係の認定と関連概念との区別 33
　第3節　労働関係の成立と労働契約書 44
　第4節　シェアリング・エコノミーの下での労働関係認定 47

第4章　シェアリング・エコノミーの下での労働関係認定 58
　第1節　問題提起 58
　第2節　中国のシェアリング・エコノミーの展開と就労形態の変貌 60
　第3節　中国の労働関係認定制度 67
　第4節　シェアリング・エコノミーの下での中国の労働関係認定——その現在と未来
　　... 86
　第5節　まとめ 107

第5章　比較法の視点からみるシェアリング・エコノミーと中国の就労者保護 109

資料編 115

関連条文の和訳 117

第1章　本研究の趣旨と報告書の構成

1．検討軸の設定

　近年、科学技術の進歩とマニュアル作成技術の向上により、就労者の労務給付の過程を直接指揮監督しなくても、その労務給付の水準を、ある程度保障することが可能になった。そこで、「労務給付」自体ではなく、「労務給付の成果」を受領することや、労務給付を直接受領するのではなく、第三者に受領させる、又は第三者が労務需給の仲介役として当事者間に入る等の「新たな就労形態」が現れ、「労働者が労務を給付する対価として、使用者が報酬を支払うこと」を想定した伝統的な労働法規制が抜本的な見直しを迫られている。

　もっとも、この社会現象が世界各国において、必ずしも同時に出現しているわけではなく、既に出現していたとしても、具体的な態様や展開速度にも大きな差がある。そして、伝統的な労働政策研究は主に労使双方間の一対一の関係を対象とするが、新たな就労形態は、二者間関係[1]、三者間関係[2]、多者間関係[3]に分けることができ、その共通した特徴を分析するのが困難である。そのため、新たな就労形態に関連する既存の研究は、必ずしもこの問題を同じ視点から捉えているわけではない。このことは、この社会現象に付与されている様々な呼び名からも明らかにされている[4]。

　諸外国が新たな就労形態に関して盛んに議論を展開していく中、日本においても働き方改革の一環の中で、「雇用類似の働き方」に関する検討が始まった。2017年10月から厚生労働省が「雇用類似の働き方に関する検討会」を設置し、2018年3月30日に報告書を公表した[5]。報告書の中では、日本における労働者概念と労働者以外の役務提供者に適用される制度が取りまとめられ、諸外国の労働者の範囲とその拡張例が紹介され、日本における雇用類似の働き方の現状が把握され、具体的な保護内容についていくつかの意見が挙げられると同時に、就労者の多様性に鑑みて、より詳細な実態を把握・分析する必要があること等、諸外国の制度の詳細や運用について調査、把握する必要があることが指摘された。

　もっとも、「雇用類似の働き方」に関する研究と「シェアリング・エコノミーの下での就労者」や「新たな就労形態」を検討対象とする本報告書は、必ずしも問題関心と検討範囲を同一に設定しているわけではない。日本の場合、建設業の重層請負、製造業の構内

---

[1] 例えば、労働関係を請負関係や委任関係に変えること。
[2] 例えば、契約上の使用者を別途立てることや、労務需給の仲介者として参加すること。
[3] 例えば、重層請負、サプライ・チェーン。
[4] fissured workplace, fragmentation, crowdwork, gig-economy, sharing economy, platform economy etc.
[5] 「雇用類似の働き方に関する検討会」報告書
https://www.mhlw.go.jp/file/05-Shingikai-11909500-Koyoukankyoukintoukyoku-Soumuka/0000201113.pdf

下請、一人親方を代表とする個人請負、下請系列システム等の「雇用類似の働き方」は従前から多用されてきたが、これらの就労形態が「新しいもの」とは言えないし、「シェアリング・エコノミー」と直接関係しているわけでもない。これらの雇用類似の働き方をも検討対象とすると、検討範囲を絞ることも、多種多様な就労形態から共通点を見出すことも困難になることが予想される。そこで、近年現れたこの社会現象を精確に捉えるために、本研究は「シェアリング・エコノミー」と直接関連している「新たな就労形態」に焦点を絞ることにした。

2．比較対象国の設定

　日本の場合、様々な雇用類似の働き方は従前から利用されてきた。そのため、シェアリング・エコノミーの下での新たな就労形態も、その延長線上にあるものと位置づけることが考えられる。これに対して、中国の場合、ある意味では、「シェアリング・エコノミーの下での新たな就労形態」は「雇用類似の働き方」と同義である。この点に関して、まず中国の労働立法の歴史的展開を説明する必要がある。

　中国の場合、労働契約の下で労務を提供し、その対価として報酬をもらう労働契約制度は、1995年1月1日に施行された「中華人民共和国労働法」（以下、労働法全般を指す意味での労働法と区別するために、「中国労働法」という）によって初めて導入された。労働契約のほか、雇用契約、委託契約、請負契約等も実務上よく利用されてきたが、中国の場合、それらの就労形態に対する保護規制が整備されていない場合が多い[6]。また、「労働者」、「使用者」、「労働関係」等の重要な労働法上の概念は、「中国労働法」やその後の「中華人民共和国労働契約法[7]」（以下、「中国労働契約法」という）の中にも規定されていない。労働法も、雇用類似の働き方を対象とする法規制も、まだ整備を必要とする状況下で、2014年頃から、中国政府は「大衆創業、万衆創新」というスローガンを打ち出し[8]、雇用創出効果の高いシェアリング・エコノミー関連就労形態の利用を推進するようになった。その後、シェアリング・エコノミー関連の就労形態は中国で急速な成長を遂げ、「中国シェアリング・エコノミー発展年度報告2018」[9]によると、2017年時点で、中国シェアリング・エコノミープラットフォーム企業の就労者は約716万人に達し、2016年より131万人増加し、同年都市部で新たに就職した者の9.7％を占める。そして、2017年にシェアリング・エコノミー活動に参加した人数は7億人であり、2016年と比べて約

---

[6] 「中華人民共和国民法総則」が1987年1月1日から施行され、「中華人民共和国契約法」は1999年10月1日から施行された。前述した法律の中に、雇用契約に対する規制が設けられていない。
[7] 「中華人民共和国労働契約法」が2008年1月1日から施行された。
[8] 2014年9月世界経済フォーラムの際に、李克強総理によって打ち出された。
[9] 国家情報センター・シェアリング・エコノミー研究センター、中国インターネット協会・シェアリング・エコノミー業務委員会「中国シェアリング・エコノミー発展年度報告2018」1頁
http://www.sic.gov.cn/archiver/SIC/UpFile/Files/Default/20180320144901006637.pdf

1億人増えた。サービス提供に参加した人数は約7000万人であり、2016年と比べて約1000万人増えた。2017年、中国のシェアリング・エコノミーの融資規模は約2160億元に達しており、2016年と比べて、25.7％も増えた。これらのデータを見ると判るが、中国の場合、多くの雇用類似の働き方に「シェアリング・エコノミー」関係の要素が導入され、製造業等に従事してきた多くの典型的な労働者は、より高い報酬額を求めて、「新たな就労形態」で就労するようになった。その意味では、中国において、「シェアリング・エコノミーの下での新たな就労形態」は、「雇用類似の働き方」と同義の場合が多い。

シェアリング・エコノミーに対して、中国政府は基本的に裁判例の蓄積を待ち、機が熟した後にこれを立法によって規制する予定である。シェアリング・エコノミーの発展とプラットフォーム就労者の急激な増加に伴い、労働関係認定訴訟が急増している。北京市朝陽区人民法院（日本の「地方裁判所」に相当する）の統計によると、2015年1月から2016年8月までの約1年半の間、140件ものインターネットに関係する労働紛争を受理した。世界的に見ても、シェアリング・エコノミー関係の裁判例が一番多く蓄積されているのは、おそらく中国である。

数多くの裁判例の中で、とりわけ注目されるのは、ネット配車サービスを提供する際、交通事故を起こし、運転手、乗客または第三者の身体又は財産に損害を負わせた場合の責任帰趨問題である[10]。中国の場合、労災保険未加入の場合、労働者側は労災申請できるが、その申請が認められる場合、損害額は使用者が全額負担することになる。すなわち、当事者間に労働関係の存在が認められた場合、ネット配車プラットフォームが損害額の全額を負担し、当事者間に労働関係の存在が否定された場合、運転手が損害額の全額を負担するのが原則である。したがって、交通事故が発生すると、労働関係認定を巡って、労働紛争または訴訟になる場合が多い[11]。

このような状況に鑑みて、2016年7月、中国交通運輸部が「ネット予約タクシー運営サービス管理暫行弁法」（以下、「ネット配車管理弁法」という）を公表し、ネット配車サービスを対象とする特別規制を作ることにした。同弁法の中には、就労形態に関係なく、プラットフォーマーと運転手の意思により、労働契約又は請負契約の締結を選択することができるという独特な規制がある。

---

[10] 中国の場合、乗客または第三者に損害を及ぼし、かつ運転手とプラットフォームの間に「雇用関係」が存在すると認められた場合、雇用主であるプラットフォームが損害賠償責任を負うことになる。
「最高人民法院による人身損害賠償事件審理の際の適用法律に関する若干問題の解釈」第9条：
　被用者が雇用活動に従事する際に第三者に損害を及ぼした場合、雇用主が賠償責任を負う。被用者が故意または重大な過失によって第三者に損害を及ぼした場合、雇用主と連帯賠償責任を負う。雇用主が連帯賠償責任を負う場合、被用者に追って賠償を求めることができる。
　前項における「雇用活動に従事する」こととは、雇用主が授権し、または指示した範囲内の生産経営活動や他の労務活動に従事することを言う。被用者の行為が授権範囲を超えたが、その表現方式が職務の履行であり、または職務の履行と内在的な繋がりがある場合、「雇用活動に従事した」と認定すべきである。
[11] 中国現地の研究者に、公開されているシェアリング・エコノミー関係の裁判例を収集してもらったところ、全53件のうち、交通事故に関係する裁判例が49件であった。

そこで、中国におけるシェアリング・エコノミーの規模、その従事者数、蓄積された裁判例、施行された規制の独自性等に鑑みて、日本の今後の政策研究の参考にすべく、中国を比較対象国として選定した。

3．執筆者と報告書の構成

本報告書においては、中国のシェアリング・エコノミーの利用状況、それに関連する就労者保護問題、これらの問題をもたらした原因、並びに検討されている法的対応策等を様々な角度から解説するために、労働法学者2名と労働経済学者1名が1章ずつ担当することとし、シェアリング・エコノミーという社会現象の新規性に鑑みて、なるべく中国の適任の若手研究者に依頼することにした。その結果、本報告書は以下のような構成になる。

第2章では、労働経済学の視点から、中国の新たな就労形態に対する分析と政策に対する提案がなされる。中国国内で公表されたシェアリング・エコノミーに関するデータ情報を収集し、独自の整理・分析を行うことにより、中国のシェアリング・エコノミー関連産業の規模、就労者の数と内訳、就労者が直面する様々な社会問題が明らかにされている。その上で、今後の法政策への提案がなされる。

第3章では、中国労働関係規制の史的展開が紹介される。その上で、労働関係の認定基準、関連概念との区別、並びにシェアリング・エコノミーの下での新たな就労関係の現状、課題、及びその対応策について横断的な考察が加えられる。

第4章では、中国におけるシェアリング・エコノミーの発展とそれによってもたらされる就労形態の変貌が紹介され、中国の労働関係認定制度に焦点を絞って、現行制度の形成に関する史的考察、認定基準の内容とそれに対する評価、並びに新たな就労形態に対する労働関係認定の実務運用等が敷衍される。

第5章では、比較法の視点から、中国労働法規制全般の特徴がまとめられ、中国におけるシェアリング・エコノミー下の就労者保護問題と日本への示唆が提示される。

第2章　中国の非典型就労——その新たな傾向と労働法体系が直面する挑戦

第1節　導入

　労働分野は産業革命以来の最も大きな変革に直面している。グローバル化の進展、インターネット技術の革新、企業の組織・管理形態の変革、人口構造の根本的な変化が、従前の典型雇用が主導する局面を変え、様々な新たな就労形態を生み出している。そして、就労者個人の需要の多様化も、非典型就労形態への期待を高めた。ILOによると、非典型就労の増加は、全世界の労働市場における最も著しい変化となった[12]。

　中国においても、非典型就労が急速な発展を遂げている。この変化は主に2つの社会的現象に現れている。①伝統的な非典型就労の数が増え続けている。パートタイム、労働者派遣、自営業が企業の労働力利用形態として一定の割合を占め、その数と重要性が増し続けている。現在、中国における非典型就労が占める割合は約64.7%である[13]。②新たな就労形態が次々と現れている。近年の新たな傾向として、シェアリング・エコノミー、クラウド・ソーシング等の新たな業態が現れ、新たな就労形態の下での就労者も増え続けている。シェアリング・エコノミーの下でのプラットフォーム就労者の人数を例に挙げよう。2017年、その数は約7000万人であり、2016年より1000万人増え、都市部における全労働力の9.0%を占める[14]。諸外国と比べても、中国の非典型就労者の人数は多く、ネットプラットフォーム就労の規模が大きい。

　新たな非典型就労形態の出現が、典型雇用を特徴とする伝統的な労働規制の体系に新たな挑戦をもたらした。新たな就労形態の下で就労する者の権利・利益保障問題も世界各国共通の問題となった。2008年に公表された中国労働契約法は、既に労働者派遣、パートタイム労働等の非典型就労形態の下での労働者保護に関する規制を設けていた。「第18回五中全会公報」等の政府資料において、「新たな就労形態を支持する」ことが強調されると同時に、「新たな就労形態の特徴に適応した労働者利用制度と社会保障制度を整備すること」が求められた。しかし、ネットプラットフォーム就労に対して、中国における現行の労働法政策をどのように適用すべきかに関して、未だ意見が統一されていない。

　そこで、本章では中国の新たな非典型就労形態が労働法政策にどのような挑戦をもたらしたのかを重点的に分析する。第1節では、比較法の視点から中国の非典型就労形態の分類について分析する。第2節では、中国で現在最も注目されているプラットフォーム就労の発展情況について説明する。第3節では、急速な発展を遂げているプラットフ

---

[12] International Labour Office. 2016. Non-standard employment around the world: Understanding challenges, shaping prospects, Geneva: ILO, p.g.1-2.
[13] Zeng Xiangquan, 2017, Non-standard Forms of Employment in China: The Current Situation and Impact Analysis, Presentation at Renmin University.
[14] 「中国シェアリング・エコノミー発展報告2018」
http://www.sic.gov.cn/News/250/7737.htm

オーム就労によってもたらされる中国労働法政策への挑戦について分析する。これらの分析の上で、第4節において、比較法の視点からプラットフォーム就労に対する認識の違いを検討し、中国の労働法制の改正に対する提案を行う。

第2節　中国の非典型就労とその新たな傾向

1．中国の非典型就労形態の定義

非典型就労形態（Non-Standard Form of Employment）とは、「フルタイム、期間の定めのない、労働関係の双方当事者間に従属雇用関係が存在する典型的な就労形態」以外の全ての就労形態をいう（ILO, 2016）[15]。その定義を具体的に見ると、非典型就労形態が「どのようなものではないか」は説明されたが、「どのようなものであるか」は説明されていない。にもかかわらず、この非典型就労形態の概念は既に国際的に広く使われている。OECDは非典型就労を請負、臨時性のある契約、期間の定めのある契約、パートタイム契約に分けている[16]。ILOもそれぞれの就労形態の特徴によって、非典型就労形態を臨時性のある就労、パートタイム就労、複数当事者間の雇用関係、経済従属性のある請負の4つに分類している[17]。

前述した国際組織の定義と比べて、中国の非典型就労形態の定義は、より狭い。それには、2つの理由がある。

ア　典型就労形態の範囲がより広いこと

労働契約の期間で見ると、中国の就労形態は、期間の定めのある労働契約（有期契約）、期間の定めのない労働契約（無期契約）と一定の業務の完遂を期限とする労働契約の3種類に分けることができる。諸外国の場合、有期契約労働者の保護は無期契約労働者と大きく異なるが、中国の場合、有期契約労働者は無期契約労働者と比べて、その賃金、労働時間、社会保障等の権利に関して、さほど差異は存在しない。したがって、権利・利益保障の視点から見ると、有期契約労働を中国の典型的な就労形態の一つと見ることができる。

イ　非典型就労形態の種類が少ないこと

就労形態の類型から見ると、中国の労働法規は、労働者派遣とパートタイム労働という2種類の非典型就労形態について、明確な規制を設けている。しかし、諸外国で注目されている経済従属性のある請負に関して、これに対応する法律上の分類は存在しない。

---

[15] International Labour Office. 2016. Non-standard employment around the world: Understanding challenges, shaping prospects, Geneva: ILO, p.g.1-2.
[16] OECD (2015), In it together: Why less inequality benefits all, Paris, Organisation for Economic Co-operation and Development. Available online.
[17] International Labour Office. 2016. Non-standard employment around the world: Understanding challenges, shaping prospects, Geneva: ILO, p.g.1-2.

新たな業態、とりわけシェアリング・エコノミーが急速な発展を遂げている中、この類の就労形態が非典型就労形態の中で、ますます重要な役割を演じるようになっている。

図表 2-1　筆者が整理した中国における就労形態の社会学分類

典型的な就労形態（期間の定めのない労働契約と期間の定めのある労働契約）		
非典型的な就労形態	伝統的な非典型就労形態（パートタイム労働、労働者派遣、個人事業主）	
	新たな就労形態	プラットフォーム就労
		他の就労形態（待機契約、ゼロ時間契約）

２．非典型就労形態の新たな傾向

　非典型就労形態は絶え間なく革新と発展を遂げている領域である。伝統的な臨時的な労働、パートタイム労働、労働者派遣等の他、Eurofound は 2015 年報告書の中で、9 つの新たな就労形態を列挙した[18]。一方、中国の非典型就労形態の新たな種類は、インターネット技術と就労の結合と変革によって生み出されたプラットフォーム就労である。プラットフォームと就労者が労働関係を成立させる場合のほか、以下の 2 種類の新たな就労形態が現れている。

(1)　クラウドワーク（Crowdwork）

　インターネットによって複数の企業と個人を結びつけ、ネットプラットフォームによって労務の需要と供給をマッチングさせ、潜在的な顧客と労働力が広範囲に繋げられることがその特徴である。ネットプラットフォーム上で様々な業務が行われ、それが細かい作業である場合もあれば、複雑で創造的なプロジェクトである場合もある。前者の典型例として、企業のロゴ設計が挙げられる。後者の典型例として、ウェブサイト全体の構築やプロモーション活動の企画が挙げられる。多くのクラウドワークにとって、ネットプラットフォームは就労者の管理に関与せず、情報交換の機能しか発揮しない。

(2)　アプリ経由オン・デマンドワーク（Work on-demand via apps）

　この就労形態は、往々にして伝統的な就労内容に関係している。自動車運転、クリーニングサービスや配達業等が例として挙げられる。しかし、伝統的な就労形態との区別

---

[18] Employee sharing, job sharing, interim management, job sharing, interim management, causal work, ICT-based mobile work, voucher-based work, portfolio work, crowd employment, collaborative employment.
Irene Mandl et al. 2015.New forms of employment, eurofound.

として、すべての労務に関する需要と供給は、プラットフォームがアプリを通じて直接マッチングさせている。マッチングが成立すると、通常、プラットフォーム企業は最低限のサービス基準を設け、労働力の選択や管理に対して、ある程度の干渉をする。これらの特性があるため、アプリ経由オン・デマンドワークは新たな就労形態の中でも、議論の焦点になっている。とりわけネットプラットフォームは単なる情報交換サービスの提供者なのか、それとも実際に用人単位[19]に当たるかに関して、学説上の対立が存在する。

ネットプラットフォーム就労に関して、いくつかの共通の特徴がある。

第一に、それらの就労形態は例外なくIT技術によって実現され、インターネットを通じて労務やサービスの供給と需要のマッチング作業が極めて速いスピードで行われる。ジョブを発注・受注する速度が早く、労務給付中にもアプリ等を通じてコミュニケーションを取ることが可能であるため、労働力に関するやり取りが極めて効率的に行われるようになっている。

第二に、就労者が個人として市場活動に参加できるようになった。実際、プラットフォームを通じて業務を発注する場合、企業単位ではなく、個人として受注することが可能になっている。その際に、ネットプラットフォームには業務の具体的な配分を決める権限が与えられ、労務給付の過程と成果物の出来具合に関しても、それをある程度コントロールできている。今まで企業が市場取引の主な参加者とされてきたが、今後個人単位での市場取引参加を考慮に入れて、関連規制を改正する必要がある。

第三に、ネットプラットフォーム就労に関与する者は、バラエティに富んでいる。これらの就労者の中に、兼職の形でネットプラットフォームを通じて業務を受注し、遊休資源を活用しようとする者がいる。例えば、通勤する際に便乗車サービスを提供する者がその典型例である。一方、ネットプラットフォーム就労をその主要な、または唯一の収入源とする者もいる。

また、クラウド・ソーシングとアプリ経由オン・デマンドワークの間にも、明らかな違いがある。クラウド・ソーシングの場合、ジョブの分配、労務給付から成果物の交付まで、全てがオンラインで行われる。インターネットを通じて、プラットフォーム、発注者と就労者が同じ場所にいる必要はない。一方、アプリ経由オン・デマンドワークの場合、インターネットは労働力供給と市場の需要を結びつける手段に過ぎず、実際の労務給付は発注者と面と向かって行う必要がある。

---

[19] 「用人単位」とは、中国における「使用者」に対する呼称である。その詳細に関しては、第3章第2節2(2)参照。

図表 2-2　筆者が整理した中国におけるプラットフォーム就労の社会学分類

	サービス提供形態	労務提供に必要な技能水準	労務分配の決定者
クラウド・ソーシング	オンライン交付	比較的高い	顧客
ネット就労者	対面交付	比較的低い	プラットフォーム

第3節　中国のネットプラットフォーム就労の現状

1．就労者数と業種

　中国のシェアリング・エコノミーは2011年から発足し、2015～2016年にピークに達していたが、政府による管理監督が不足しており、スキャンダルも多発したため、2017年から、ネットプラットフォーム企業を含む社会全体がシェアリング・エコノミーの発展に対して反省をし、調整期に入った。そのうちの一つの側面として、プラットフォーム就労者の労働条件が注目を集めている。全体的には、中国のプラットフォーム就労者数は毎年増加する傾向にある。2018年「中国シェアリング・エコノミー発展年間報告」によると、シェアリング・エコノミーに参加して、サービスを提供する者は、2015年から2017年にかけて、5000万人から7000万人に増え、労働力人口全体に占める割合も6.5%から現在の9%に増えた。そのうち、プラットフォームと労働契約を締結した就労者は、参加した総人数の10%に過ぎない。すなわち、90%の就労者はプラットフォーム就労者であり、伝統的な労働関係の下で就労する労働者ではない。

図表 2-3 中国プラットフォーム就労者数割合（筆者整理）

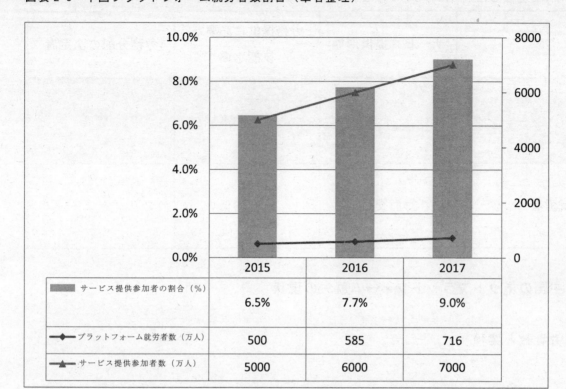

（データ出処：プラットフォーム就労者数、サービス提供参加者数は「中国シェアリング・エコノミー発展年度報告」（2018）による。他のデータは「中国労働統計年鑑」（2018）による。）

　現在、シェアリング・エコノミーは主に①宿泊業、②金融サービス業、③ソーシャル・ネットワーキング・サービス、④家事代行、⑤クラウドワーク、⑥交通運輸という6つの領域に導入されている。プラットフォーム就労は主に④⑤⑥の業界に集中している。そのうち、クラウドワークは主に頭脳労働者を利用するが、家事代行と交通運輸には大量のネット就労者が利用されている。商務部電子ビジネス・情報化司が公表した「中国電子商務発展報告（2017）」によると、2017年に中国電子ビジネス就労者数が4250万人に達しており、前年と比べて13%増えた[20]。中国人民大学が発表した「アリババ小売電子ビジネスプラットフォーム就労吸引・創出能力研究（2017）」によると、アリババの小売業部門が2017年に3681万個もの就労機会を作り出した[21]。しかし、最も多くのプラットフォーム就労者は交通運輸と出前配送業に集中している。「中国シェアリング・エコノミー年度発展報告」によると、2017年、中国では2107.8万人が滴滴プラットフォームで収入を獲得し、その数がシェアリング・エコノミー参加者の30.1%を占める。「美団点評ライダー業務研究報告」によると、2018年に美団で活躍する出前ライダーが66万人ほどおり、シェアリング・エコノミー参加者の0.9%を占める[22]。

---

[20] http://www.mofcom.gov.cn/article/i/jyjl/e/201805/20180502750209.shtml
[21] http://baijiahao.baidu.com/s?id=1596797123354585123&wfr=spider&for=pc
[22] 関連データは筆者の美団責任者に対するヒアリング結果に基づくものである。

2． プラットフォーム就労者の状況

　プラットフォーム就労は主にネット配車運転手と出前ライダーの2つの業種に集中しており、その社会注目度が最も高い。そこで、以下ではこの2つの業種に絞って、プラットフォーム就労者の特性を検討する。

　諸外国の状況を見ると、ネット配車運転手としての業態は、国によって異なっている。アメリカとオーストラリアの場合、多数のネット配車運転手はこれを兼業としてやっている。例えばアメリカにおいて、69％のUber運転手は、他のフルタイム又はパートタイムの職業を持っている。そして、20％の運転手のみがUberから得られる収入をその唯一の収入源としている（Hall, 2015）[23]。一方、フランスとイギリスのUber運転手は、フルタイムで働く場合が多い。フランスの場合、79％の運転手はUber以外の収入源を持たない（Ifop, 2016）[24]。イギリスの場合、プラットフォームからの収入が個人の総収入の50％を超えるクラウドワーカーが総数の24％を占め、そのうち、5％のクラウドワーカーの全収入がプラットフォームから得られている（RFS, 2015; University of Hertfordshire, 2016）[25]。

　以下、ネット配車運転手と出前ライダーに分けて中国の状況を見る[26]。

(1) ネット配車運転手の場合

　性別から見ると、ネット配車運転手は、男性が圧倒的に多く、全体の95.3％を占めている。その年齢構成を見ると、23-30歳の若者が半分を超え、平均年齢が35.9歳であり、アメリカの41歳より明らかに低い。また、その学歴レベルが低い。高卒の学歴の人が多く、89％を占めている。とりわけフルタイムのネット配車運転手に関して、大学か大学院教育を受けた割合が5.2％に過ぎず、アメリカ等より明らかに低い。一方、ネット配車運転手の中のフルタイム従事者の割合に関して、現在信憑性の高いデータが存在せず、フルタイム従事者が79％を占めると称する研究もあれば、42％を占めると称する研究もある。いずれにせよ、ネット配車運転手の総数が多いため、フルタイム従事者が100万人を超えることは十分あり得る。

(2) 出前ライダーの場合

　出前ライダーの場合、同様に男性の方が多く、全体の95.3％を占めている。そして、若者のほうが多く、そのうち、21-30歳が46.5％を占め、31-40歳は39.4％を占める。

---

[23] Hall, J. and A. Krueger, (2015), "An Analysis of the Labor Market for Uber's Driver-Partners in the United States", Working Papers, Princeton University, Industrial Relations Section, No 587, http://dataspace.princeton.edu/jspui/handle/88435/dsp010z708z67d, accessed on 3 November 2018.
[24] OECD, New forms of work in the digital economy, https://www.oecd-ilibrary.org/science-and-technology/new-forms-of-work-in-the-digital-economy_5jlwnklt820x-en
[25] OECD, New forms of work in the digital economy, https://www.oecd-ilibrary.org/science-and-technology/new-forms-of-work-in-the-digital-economy_5jlwnklt820x-en
[26] 以下のデータは中国人民大学、美団点評、中国労働・社会保障科学研究院の調査による。

そして、ネット配車運転手と同じく、学歴レベルが低い。専門学校以下（専門学校を含む）の学歴の人が64％を占める。80％の就労者は、収入額を理由に当該業界に入り、フルタイム従事者が85％以上を占める。

第4節　中国労働法体系への挑戦

新たな就労形態、とりわけプラットフォーム就労の普及は、労働関係に2つの影響を与えている。

第一に、就労形態が労働と自営業に分けられるという伝統が打ち破られた。

司法実務上、就労形態は厳格に労働と個人自営業に分けられている。そのうち、前者は労働者が労働契約を締結し、契約の中に労務を給付する代わりに報酬を獲得し、この報酬が直接、雇主の収益によるものではないことを指す。後者は労働者の報酬が直接成果物又はサービス提供によってもたらされる利益によるものであり、かつ就労者の意見が企業と就労者自身の就労条件に影響することを指す。しかし、このような区別の仕方は、プラットフォーム就労者の労働者性認定に適していない。

第二に、就労に伴う潜在的なリスクは、労働者個人に転嫁されることが多い。

典型労働関係の下で、企業は労働者の社会保障、就労安定、労働条件に関して責任を負う。これに対し、プラットフォーム就労者はとりわけ社会保障と就労安定に関して、自己責任でリスクを負うことになる。

これらの影響は、中国の労働法政策に3つの挑戦をもたらした。

1.　労働関係認定への挑戦

(1)　現在の労働関係認定基準は経済社会の発展に適応しないこと

2005年、旧中国労働・社会保障部が「労働関係の確立に関する関連事項の通知」（労社部発［2005］12号）（以下、「労働関係認定通知」という）を発表し、労働関係を認定するための3つの要件を規定した。すなわち、

①　用人単位と労働者が法律・法規に規定された主体としての資格を有すること。

②　用人単位が法律によって、就業規則を制定し、それを労働者に適用し、労働者が用人単位の管理を受け、用人単位が指定した有償労働に従事すること。

③　労働者が提供する労務は、用人単位の業務を構成すること。

同通知が労働関係認定に関する従属説とコントロール説の合理的な部分を兼ね備えており、司法実務における労働関係認定の重要な根拠となり、労働関係認定紛争を処理するために重要な役割を担ってきた。

しかし、クラウドワークとネット就労者等のプラットフォーム就労の出現によって、

労働関係認定通知は労働関係を認定する際、適切な判断をすることができなくなった。一方、企業が労働者をコントロールする方法が著しく変化した。伝統企業は就業規則によって労働者を直接管理し、労働者の特定の行為に対して一定の懲戒権を持つ。これに対し、プラットフォーム就労者は、その労働時間を自由に決められ、決められた就労場所もなく、月単位で労務報酬を獲得するわけでもない。プラットフォームは就労者から情報仲介費用を徴収するだけで、労働者を直接指揮監督することはない。そして、労働者の収入は直接、顧客の評価と連動している。

プラットフォーム就労者はプラットフォームが作ったサービスマニュアルに従う必要がある。そして、彼らの主な収入源もプラットフォームである。ユーチューバー、ネットショップ運営者、Web小説ライター等の新たな職業が、その例として挙げられる。プラットフォームに対して、これらの就労者は就労する自主性を持ちながら、経済的に依存している。そのため、今までの労働関係認定基準を適用する際に困難が生じている。ヒアリング調査によると、これらの就労者の労働関係認定紛争はまだ少ないが、仲裁する際の困難度が高い。

(2) 労働関係認定困難対象者の範囲が拡大していること

実務上、就労形態は厳格に労働と自営業に分けられているが、労働者と自営業者の間に、グレーゾーンは最初から客観的に存在している。そのうち、合同企業の所有者、請負業者、アウトソーシング先の就労者という3種類の就労者に関して、とりわけその位置づけが曖昧であった。しかし、全体的な数が多くないため、労働法体系に大きな衝撃はもたらされなかった。しかし、シェアリング・エコノミーによって多くの新たな就労形態が生み出され、就労形態を認定しづらい就労者集団が急速に増えている。ネット配車運転手、ネット予約料理人、出前ライダーを代表とする職業が労働関係から脱し、プラットフォーム化することで、労働関係の認定がより難しくなっている。

2018年4月10日、北京市朝陽区裁判所が「ネットプラットフォーム就労紛争審判白書」を公表した。白書によると、2015—2018年春までの間、朝陽区裁判所は188件のネットプラットフォーム就労関連の労働紛争事件を受理した。業界別で見ると、すべての事件はサービス業に集中している。そのうち、交通運輸業に関する事件が99件あり、全体の52.7%を占める。住民サービス業が59件あり、31.4%を占める。飲食業が21件あり、11.2%を占める。他のサービス業が9件あり、4.8%を占め、その中には主に運転手、家事代行、美容師、散髪屋、料理人等の職業が含まれる。これらの事件が12個のネットプラットフォームに関係する[27]。

(3) 労働関係認定における当事者が多様化、複雑化していること

伝統的な労働関係において、その主体は用人単位と労働者の2者に限られる。後に労

---

[27] http://bjgy.chinacourt.org/index.shtml

働者派遣が利害関係者を派遣元、派遣先と労働者の3者に拡大したが、当事者間の関係と権利義務は法律によって予め規定されている。

シェアリング・エコノミーにおいて、ネットプラットフォームは強い統合力の下で、より多くの当事者を統合し、主体間の関係もより複雑化している。プラットフォーム経営者が企業である場合、プラットフォーム企業、プラットフォーム企業従業員、プラットフォーム経営企業、プラットフォーム経営企業の従業員[28]、サービス受領者の5つの主体が当事者になる。プラットフォーム経営者が個人である場合、プラットフォーム企業、プラットフォーム企業従業員、プラットフォーム就労者、サービス受領者[29]の4つの主体が当事者になる。後者の場合、サービス受領者とプラットフォーム企業・プラットフォーム就労者間の関係は、消費者の権利・利益保障問題になる。プラットフォーム企業とプラットフォーム就労者間の関係は、労働者の権利・利益保障問題になる。

(4) 「ネット配車管理弁法」がネット配車運転手の労働関係認定問題を解決していないこと

ネット配車サービスに関して、2016年7月28日にネット配車管理弁法が部門規定の形で発表された。弁法第18条によると、ネット配車プラットフォーム企業は関連する法律・法規の規定により、就労時間、サービス頻度等の特徴によって、運転手と様々な形で就労契約又は協定を締結し、双方の権利と義務を明確にする必要がある。本規定により、司法実務に法的根拠が提供され、労働関係認定に関する紛争が少なくなると当初想定されていた。

しかし、弁法の規定により、ネット配車プラットフォーム企業に選択権が与えられ、運転手と労働契約を締結し、労働関係に入ることもできれば、請負契約を締結し、民事関係に入ることもできる。司法実践上、ネット配車サービスにおけるプラットフォームと運転手の間の就労関係の性質はまだ明らかにされていない。関連データによると、弁法が施行された後、シェアリング・エコノミーに関する労働関係確認紛争事件の数は減ることなく、むしろ増える傾向にある[30]。

---

[28] プラットフォーム企業とは、プラットフォームを運営、維持する企業である。その従業員をプラットフォーム企業従業員という。プラットフォーム上で経営活動に従事する企業をプラットフォーム経営企業という。その従業員をプラットフォーム経営企業従業員という。
[29] プラットフォーム企業従業員とは、プラットフォームと正式に労働関係を成立させた労働者である。その多くはプラットフォーム運営関係の技術者である。一方、プラットフォーム就労者とはプラットフォームに登録し、サービスを提供する就労者である。その労働関係認定に関して、現在まで議論中である。
[30] http://www.sohu.com/a/243386293_170807

図表 2-4　労働関係確認紛争の件数と趨勢

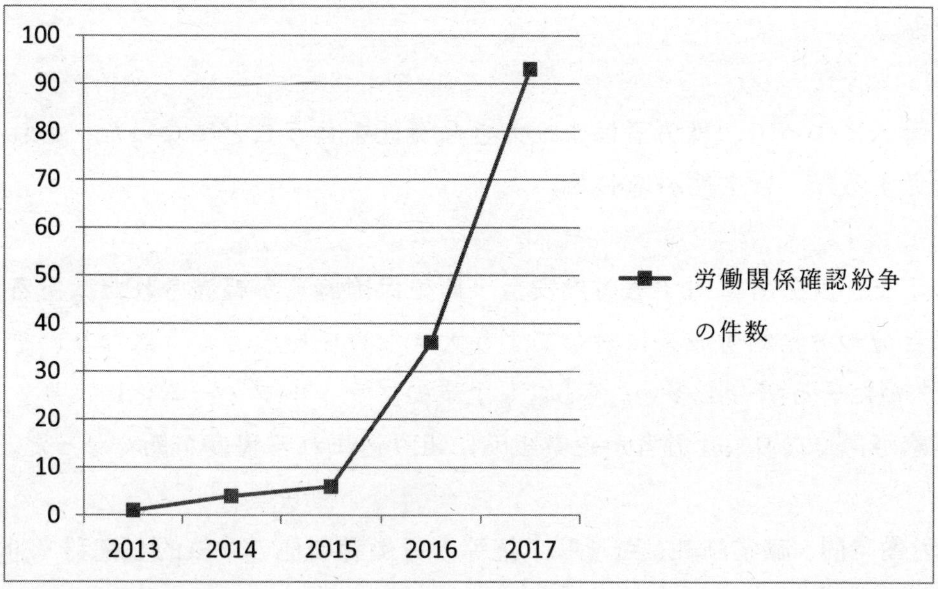

2．就労者の権利・利益保障への挑戦

(1) 就労者が関連保障を享受できるかどうか

労働法は労働者保護の需要によって生まれた。実務上、労働法上の「労働者」として認められて初めて、労働法上の基本的な保護対象になる。社会理念の進歩により、労働者、とりわけ典型的な労働関係にある労働者に対する法的保護が手厚く整備され、それには、就労と収入の安定、休息・休暇権、職業安全と衛生、平等取扱と差別禁止、社会保護、職業訓練、言論の自由等が含まれる（ILO, 2016）[31]。中国労働法と「中国共産党中央国務院による調和した労働関係の構築に関する意見」（2015年10号文）も、労働者が享受すべき権利・利益を列挙した。「労務報酬獲得権、休息・休暇権、労働安全・衛生保護獲得権、社会保険加入権、職業訓練権」等が挙げられる。

しかし、労働保護と労働関係認定が密につながっているため、労働関係として認定されると、労働法上の保護は無差別に適用される。それに対し、労働関係が存在しないと認定されると、労働法上の保護は適用されない。すなわち、就労者は最低賃金、労働時間規制、解雇保護規制等の労働法上の保護を享受することができない。新たな就労形態の下で、プラットフォームと就労者の関係は非常に複雑であるが、それが労働関係として認められないと、就労者には労働法による保護は一切及ばない。

(2) 就労者の実際の権利・利益保障問題

企業が新たな就労形態を利用するのは、人件費を削減するとともに、雇用の柔軟性を

---

[31] International Labour Office. 2016. Non-standard employment around the world: Understanding challenges, shaping prospects, Geneva: ILO, p.g.1-2.

増やすためである。新たな就労形態の出現により、就労者の権利・利益に対して、主に以下のような影響が及ぶ。

ア 積極的な影響

新たな就労形態の導入によって、就労者はより大きな責任を負うことになった。それにより、就労者は就労する際、自主性が増した。

イ 消極的な影響

新たな就労形態の下で、就労者に対する労働安全・衛生保障義務が軽減された。ある意味では、就労者は自分の労務給付成果に対してより大きな責任を負うようになり、それによって、ストレスがたまる場合も多い。そして、企業のプラットフォーム化により、特定の組織への従属感が薄くなり、就労者が企業組織に組み込まれる程度が低くなった。

ウ 不確かな影響

社会保障、収入、労働時間、職業訓練、キャリア権等の労働者の他の中核的な権利・利益に対して、新たな就労形態がもたらす影響はまだ不確かである。これらの権利・利益への影響は、政府の規制と労働市場における当事者の需給状況に左右されることになる。

図表2-5 プラットフォーム就労が労働者にもたらす影響

		Eurofoundの判断	中国の状況
1	社会保障	+/-	-
2	職業健康と安全	-	-
3	収入	+/-	+
4	労働時間	+/-	-
5	柔軟性	+	+
6	ワーク・ライフ・バランス	+/-	+/-
7	ストレス	-	-
8	キャリア	+/-	-
9	職業訓練	+/-	-
10	責任程度	+	+
11	自主性	+	+
12	職場での溶け込み	-	-
13	民主参加	-	-

（データ出処：Irene Mandl et al. 2015.New forms of employment, eurofound
＋は積極的な影響、－は消極的な影響、+/-は不確かな影響を現す。中国の状況は筆者が整理した。）

中国の場合、プラットフォーム就労者の多くは自分で労働時間を決められるが、収入

を増やすため、その労働時間は往々にして法定の8時間を超えている。我々のヒアリング調査によると、大部分のネット配車運転手の労働時間は約10時間である。労働時間が全体的に長いという問題のほか、就労者の待機時間が労働時間に算入されるべきかどうか、8時間を超える場合、それが残業に当たるかどうか等の問題も、実務上よく見られている。

図表2-6　出前配送員の平均労働時間

労働時間数	フルタイム	パートタイム	全体
6時間以内	0.5%	68.6%	7.8%
6-8時間	25.7%	23.5%	25.4%
9-12時間	71.0%	7.9%	64.2%
13-15時間	2.1%	0	1.9%
15時間以上	0.7%	0	0.7%
平均	9.5	5	9

データ出処：労働・社会保障科学院課題チーム調査（2017）

「2016年ネット配車運転手生活状況調査報告」によると、ネット配車運転手の月収に関して、28.4％の人が4000元未満であり、その割合が最も大きい。また、15.6％の人の月収が5000－6000元の区間にある。全体的にみると、7割以上のネット配車運転手の平均月収が6000元未満である[32]。また、我々は2017年に出前ライダーを対象にその収入を調査したが、出前ライダーの平均月収は5183元であり、そのうち、フルタイムの出前ライダーの平均月収は5494元であり、パートタイムの出前ライダーの平均月収は2686元であった。

全体的にみると、プラットフォーム就労者の平均収入は、確かに製造業を代表とする一部の伝統業界のそれを上回っている。しかし、この収入には不安定性が内包されている。例えば、2015年に、滴々とUberが中国市場において、ともに10億ドルを超える手当金を出した。その間、運転手の収入が大幅に増加し、多くの運転手がこれを機にネット配車サービス業界に加入した。しかし、滴々がUber中国を吸収合併した後、営業戦略の調整により、手当金が減り、初期発展段階に見られた就労者数の急激な増加は見られなくなった[33]。一方、シェアリング・エコノミーは時間と空間の制限を超え、より広い範囲内の資源を統合し、異なる地域での同時労務提供を可能にした。中国の労働基準は地

---

[32] http://www.sohu.com/a/116477171_483389
[33] http://money.163.com/15/1201/07/B9019E8V00253G87.html

域によって大きな差異があるため、場合によっては、同じプラットフォームを通じて同質労働を提供しても、ネット就労者の収入に大きな格差が存在する。

シェアリング・エコノミーの下で、企業が労働者を直接雇用することは少なく、就労者を対象とする職業訓練、安全教育等も一般的に少ない。したがって、プラットフォーム就労者は労働安全と健康面において、大きなリスクを負うことになる。ILOの研究によると、非典型的な就労形態の下での就労者（ここでは、経済的従属性のある就労者全体を指す）について、労災に遭う確率は典型労働のそれより高い。また、滴々を例に挙げると、その運転手が自己責任で労務履行過程中のリスクを負うことになり、かつ自家用車から運営用に用途を変更する際、保険会社から用途変更を理由に保険金支払いを拒否される恐れがある。副業として、通勤途中に便乗車サービスを提供する就労者に関しては、通勤途中に交通事故に遭った場合、労災として認められるかどうかも問題になり、ネット配車運転手の安全保障水準は比較的低い。

ネット配車運転手と比べて、出前ライダーの労働安全がより問題視されている。出前を届けるまでの時間が制限され、時間内に届けられなかった場合に罰則がかかることや、悪天候の時に出前の注文が逆に増えるため、出前ライダーは就労中に信号を無視したり、逆走したり、自転車に乗りながら電話をしたり等のことが多く、交通事故を起こしやすい。そして、ピーク時に大量のオーダーを完遂しなければならないため、ストレスが溜まりやすく、かつ規律のない生活が続き、健康問題を引き起こしやすい。

労働・社会保障科学院課題チームの調査によると、70.1％の出前ライダーは就労環境が安全ではないことを主な問題として捉えており、34.2％の出前ライダーはストレスが溜まっていると認めた（複数選択可）。しかし、プラットフォームは出前ライダーに対して、ヘルメット、ライダースーツ、人身事故保険等の簡単な安全保障措置しか提供せず、かつ一部のプラットフォームにおいては、ヘルメットとライダースーツは一定レベルに達しないと受領できないとされている。出前ライダーが就労途中に交通事故に遭った場合、プラットフォームが労働契約の存在を否認するため、出前ライダーが労災保険による補償を獲得することが困難である。

3. 社会保障制度への挑戦

(1) 労働者として認められないため、社会保障を受けられない問題

社会保障待遇と当事者の身分には直接の対応関係がある。一般的に言うと、社会保障には①特定の労働契約に関する保障、②被用者の身分に関する保障、③有償労務に従事すること（個人自営業を含む）に関する保障、④国民の身分に関する保障という4つの

レベルがある（ILO, 2016）[34]。その史的展開から見ると、社会保障制度を整備したのは、典型的な就労形態の下での労働者を保護するためである。したがって、①と②の保障は社会保障の中核となり、③と④の保障はセーフティーネットとしての機能を果たす。多くの欧州国家の福祉サービス（例えば家族手当、医療保障、高齢者の長期介護）は当事者が労働者に当たるかどうかと関係なく、税収によってカバーされる。したがって、欧州国家の場合、プラットフォーム就労者の身分認定が難しく、①と②の社会保障制度にカバーされなくても、③と④のレベルで保障されている。

一方、中国の社会保障体系の場合、①、②と③、④の繋がりがまだできていない。そのため、一部のプラットフォーム就労者が労働者として認められないと、完全に社会保障システムから除外されることになる。出前ライダーがその典型例である。出前プラットフォーム企業は雇用の柔軟性を維持するため、出前ライダーと正式な労働関係に入ることが少ない。そして、就労者たちが社会保険に入ることもない。中国では、労働者でなくても、年金保険と医療保険に関する任意加入制度はあるが、当該制度には戸籍上の制限があるため、就労している都市の戸籍を持たない就労者はそれに加入できない。そして、プラットフォーム就労者の年齢層が低く、プラットフォームからの収入によって生計を立てることも多いため、老後や万が一の時の生活よりも、手取りのほうを重要視する傾向にある。したがって、出前ライダーが自発的に社会保険を納付する可能性が低い。出前ライダーにとって、最も重要な労災保険と失業保険に関しては、フリーランサーとして保険に加入することがそもそもできない。そのため、中国のプラットフォーム就労者は、典型労働者と同じように就労しているように見えるが、健康と収入安定性の面において、社会保障を受けられないため、より大きなリスクを背負っている。

(2) 社会保障を受けられるとしても、保障水準が低い問題

一部の企業はリスク回避のために、自発的に就労者に商業保険に加入してもらっている。例えば、滴滴はプラットフォームの発展と社会的責任の観点から、運転手の交通安全と社会保障に関して、福祉的、公益的な措置を取っている。その中に、運転手総合人身事故保険が含まれている。ヒアリングによると、美団もその加盟店と代理店に対して、雇主責任保険に加入してもらい、フルタイムで働く出前ライダーには、人身事故保険に加入してもらっている。一部の地域において、重病を補償対象とする商業保険も加入の対象になっている。しかし、プラットフォーム就労者の流動性が高いため、これらの商業保険は、出前ライダーに1年間の保障しか提供できない[35]。

---

[34] International Labour Office. 2016. Non-standard employment around the world: Understanding challenges, shaping prospects, Geneva: ILO, p.g.1-2.
[35] 出前ライダーは通常1年以内に転職するため、1年間を単位に商業保険をかけることになる。

4．結論
(1) プラットフォーム就労がなぜ危険視されるのか

　中国の学説と実務は、ともに新たな就労形態、とりわけプラットフォーム就労を重要視している。多くの労働法学者は、このような就労形態が労働法を根本から瓦解させていると評価している。一方、筆者の知る限り、諸外国の危機感は中国ほど高くない。例えば、筆者は去年、東北アジア労働フォーラムに参加したが、日本と韓国の学者はプラットフォーム就労を「新たな就労形態」と位置づけるべきかどうかに関して、慎重な態度を取っている。彼らから見ると、プラットフォーム就労は、就労に対する需要と供給をマッチングさせる媒介を変えただけで、本質として労働関係の従属性に新たな要素を付け加えることはない。ではなぜ中国と日本や韓国において、この問題に対する認識がそこまで異なっているのか。もちろん、中国のプラットフォーム就労者の数が多く、社会に対する影響力が大きいことが重要な原因の一つである。もっとも、筆者から見ると、その他にも2つの原因がある。

　まず、中国の場合、労働者が法律による保障を受けるには、労働関係の存在がまず確認されなければならない。諸外国のように、労働者性があれば良いというわけではない。そのため、プラットフォーム就労が中国における現在の労働関係認定システムにもたらした影響が大きい。

　中国以外の市場経済国家の場合、労働法上の保護を及ぼすための前提条件として、労働者性を確認する必要がある。例えば、EUにおける労働者の定義は長年ずっと維持されてきた。すなわち、個人が特定の期間内に他人の指揮命令の下で労務を提供し、それによって報酬を獲得することである[36]。労働者が労働法による保護を受けるためには、労働者としての身分が認められれば良く、使用者の有無は法律判断において重要視されていない。そして、社会保障等に関する権利・利益を労働者が享受できるかどうかも、使用者があるかどうか、これを特定できるかどうかと関係しない。しかし、中国の場合、労働法による保護の出発点は労働関係の存在を確認することである。すなわち、労働者には、相手方としての雇主があるかどうかを確かめることによって、労働法上規定される権利・利益を実現させるのは誰なのかを明らかにする。中国において、責務を負う雇主のない労働法上の権利・利益は存在しない。

　プラットフォーム就労は労働関係を確認する必要のある中国にとって、大きな挑戦となる。労働者性は静止的なものであり、使用者の変化によって根本的に変化することがないため、それを確認することは、比較的簡単である。しかし、労働関係を確認することは、動的な過程となっている。使用者が異なれば、労働関係も異なってくる。シェアリング・エコノミーの場合、就労者が複数のプラットフォームの下で労務に従事することが

---
[36] Charlotte O'Brien et al, 2015, The concept of worker under Article 45 TFEU and certain non-standard forms of employment, European Commission.

多く、使用者を特定することは非常に困難である。そして、就労者は労働時間と就業規則の遵守に関して、自由度が高い。フルタイムで就労し、主な収入源がプラットフォームである場合、プラットフォーム就労者の労働者性は認められるが、特定のプラットフォームが就労者にとっての雇主に当たるかどうかに関して、議論はある。そして、一旦用人単位として認定されると、様々な法定義務を負うことになるため、中国の大手プラットフォーム企業である美団点評は、2017年に個人自営業という形態を止め、全ての出前ライダーをクラウド・ソーシングまたは加盟化した[37]。これによって、美団点評は労働関係における用人単位として認定されることを避けようとしている。

そして、史的展開を見ると、中国の労働力市場規制は、先進国が既に通過した労働市場規制自由化段階に入ったばかりである。そのため、労働者保護に関して、プラットフォームがもたらす挑戦は、斬新なものである。

1970年代から、先進国の市場需要は、個性化、多様化、予測不能化の方向に発展した[38]。それを受け、80年代から、先進国はほとんどの国が労働市場制度の変遷を経験した。この制度の変遷の性質（それが根本的なものであるかどうか）や影響（市場が同化していくか、それとも差別化されていくか）に関して、学説上一致した見解はないが、全体的に見ると、市場関係は政治と経済の様々な分野に拡大し[39]、これを「自由主義」の一環と位置づけることができる。市場の需給関係の変化と労働市場規制の緩和によって、先進国の非典型的な就労者数が大幅に増えた[40]。そこで、先進国は1990年代から、非典型的な就労形態に対して議論を開始した。例えば、フランスの労働法学者のSupiot氏は1999年に、『雇用を超える——欧州における就労の変革と労働法の未来』[41]を出版し、大きな社会的反響を呼んだ。

それに対して、中国の労働法規制は2つの重要な段階を経て現在に至っている。

①起源段階（1978-1995）

中国における現在の労働法政策は、市場経済体制改革の産物である。改革の目的は、市場経済の下での労働者利用制度を変えることと、企業の生産経営自主権を拡大することである。

②労働者保護強化段階（1995-2015）

---

[37] 筆者のプラットフォーム運営者を対象とするヒアリングによる。ここでいうクラウド・ソーシングとは、アプリに登録し、空いている時間帯を利用して出前サービスを提供することである。加盟というのは、特定地域の出前業務を第三者にアウトソーシングし、出前ライダーは第三者と契約を締結し、第三者のために配送サービスを提供することである。

[38] Jürgen Kocka『資本主義簡史』余慶訳、文汇出版社2017年版143～147頁。

[39] Wolfgang Streeck. & Kathleen Thelen. (2005). Introduction: Institutional change in advanced political economies. In Wolfgang Streeck., & Kathleen Thelen (Eds) Beyond Continuity: Institutional Change in Advanced Political Economies, Oxford University Press, p.g. 2-4.

[40] この時期の非典型就労は主に、パートタイム労働、兼業、労働者派遣等の形式でなされた。1970年には、ドイツの典型労働者数と非典型就労者数の比例が5対1だったが、1990年にこの比例が4対1になり、現在は3対1になっている。欧州全体のパートタイム労働者数も1990年台に約15％に増えた。それと同時に、非典型就労が航空や通信等の伝統的な産業に進出した。

[41] Beyond Employment: Changes in Work and the Future of Labour Law in Europe

市場経済の発展に伴い、労働者が長期的に弱い立場に置かれることにより、労働紛争の数が急速に増加し、既存制度から逸脱する傾向もみられる[42]。多くの労働者はストライキ、ピケッティング等の手段で自らの権利を主張し始めた。社会全体の安定のために、国は労働法政策を調整し、その機能を企業の生産経営権の拡大から、労働者保護に転換するようになった。

　しかし、2015年以降、グローバル化とともに、中国が直面する問題は、先進国が直面している問題と共通するものになってきている。例えば、グローバル化によって、企業に市場変化に柔軟に対応する能力が求められ、人件費を上げた中国では、他国の労働力との競争にも晒されている。そこで、中国の労働法政策は1980年代の先進国と同じように、自由化する方向に転じた[43]。シェアリング・エコノミーの急激な成長をきっかけに、先進国が経験した非典型的な就労形態による挑戦を、中国が初めて体験することになった。

(2)　シェアリング・エコノミーの下での就労者保護対策

　中国の新たな就労形態の最大の特徴は、インターネットと結び付けられることであり、クラウドワークやネット就労者等が占める割合が大きい。これらの新たな就労形態は、雇用を創出すると同時に、労働関係の認定、就労者の保護とその社会保障に悪い影響を与えている。諸外国と比べて、中国のプラットフォーム就労者の数は多く、社会保障水準も低い。そして、就労者の内訳をみると、個々の就労者の状況が大きく異なっており、その労働関係認定にも争議が存在する。そのため、統一した労働関係認定基準を定めるのは、まだ現実的ではない。

　このような背景の下で、実務上発生している紛争問題は、ケース・バイ・ケースに司法部門に任せて「自由裁量」で決定してもらい、シェアリング・エコノミーの下での就労形態が安定した後に、これを立法化することが望ましい。立法によって解決できない現在、以下の手段によって就労者保護を図ることができる。

ア　労働関係を認定する際、以下の原則を維持すること

①　就労事実を優先させ、既存の労働者保護規制を適用できる場合、それによって労働者保護を図る。一方、労働法の規制を潜脱しようとする行為を禁止する。

②　公平の実現を出発点とし、シェアリング・エコノミーの下で就労する者の就労形態（フルタイム）、その社会的普遍性、具体的な規制がもたらしうる影響を考慮し、実務上認定困難な就労関係を認定する。

③当事者の意思を尊重し、事実認定が困難な場合、公平性を考慮したうえで、当事者の

---

[42] 庄文嘉「「調停優先」が集団労働争議を緩和できるかーー1999〜2011年各省データに基づく実証研究」社会学研究（5）145〜171頁。
庄文嘉、岳経纶「裁判所から街道へーー「大調停」がなぜ労働者権利主張行為を制度化から外したか」中山大学学報（社会科学版）54(1)145〜157頁。
[43] 塗偉、王若晶「歴史制度主義視点の下での労働契約制度の変遷」中国人力資源開発2008年第11期。

約定によりその関係を認定する。
④　それが労働関係に当たるかどうかを判断できない場合、労働者保護の原則に従い、労働関係の存在を推定する。

イ　労働関係の認定を労働保護規制の適用の前提にしないこと

　今まで、中国の労働保護規制は労働関係の認定を前提としており、その適用範囲が狭すぎて、柔軟性も欠いていた。労働関係として認定されると、労働保護規制全般が適用される一方、労働関係として認められないと、何の労働保護規制も享受できない。労働関係として認められるかどうかによる格差が大きく、労働者保護に関する紛争が、ある意味労働関係認定に関する紛争に転換されてしまう。シェアリング・エコノミーの発展により、労働関係認定のグレーゾーンは拡大する傾向にあり、認定の困難度が上昇している。そこで、労働関係に当たるかどうかに囚われるより、むしろ中国労働基準法を制定し、その適用範囲を明確化する方がよい。中国労働基準法を立法するにあたって、その重点の一つは適用範囲の拡大である。今までの労働法規制の一括適用制度を変え、具体的な制度によって、その適用範囲を別々に決める必要がある。例えば、中小企業には、有給休暇制度を適用しなくてよい。そして、労働関係ではない就労関係に対しても、最低賃金、労働時間、職業訓練、労働安全・衛生、労災を代表とする社会保障等の法的保障を適用することによって、就労者の基本的な権利・利益を保護することができる。

ウ　プラットフォームと就労者の間のコミュニケーションを図ること

　プラットフォームが設定した評価システムによって、プラットフォーム就労者の収入が決められる。しかし、この評価システムはビッグデータに基づくアルゴリズムによって算出され、就労者が参加することはない。算出された額が不適切な場合にも、就労者が意見を具申するための窓口はない。そこで、プラットフォーム企業がアルゴリズムを設定する際、就労者とコミュニケーションを取らせ、制度設計の透明性を確保すると同時に、プラットフォーム側に紛争解決制度の設置を求める必要がある。

第3章　シェアリング・エコノミーの下での中国労働関係の展開、挑戦と法的対応

第1節　中国労働関係の発展、特徴と挑戦

1．中国労働関係の形成と発展

(1)　改革開放前の中国労働関係

　1949年に中華人民共和国が成立し、新民主主義から社会主義への転換が実現した。この時期の労働立法は主に社会主義建設を中心に展開された。改革開放前の中国社会法の展開は、1956年の生産資料私有制に対する社会主義改造の完成を区切りにし、2つの段階に分けることができる。

ア　1949年中華人民共和国の成立から、1956年社会主義改造の完成まで

　建国初期、経済情勢が悪く、通貨量が著しく膨張し、工場労働者の多くが職を失い、労使が対立する中、政府が公有制経済を発展させようとした。当時、中国の労働立法は、当時の所有制度に適応し、私営企業を利用、制限、改造すると同時に、多くの失業者の就職問題を解決しなければならなかった。1949年9月、中国人民政治協商会議第一回全体会議が、臨時に憲法として機能する「共同綱領」を可決した。経済建設の方針は、公有制と私有制を両立させ、労使双方の利益を念頭に置き、都市部と農村部が互いに協力し、国外との交流を図り、生産活動を発展させ、景気を向上させることをその目的とする。そして、「労働者が経営管理に参加する制度を施行し」、「公営企業と私営企業は一般的に8時間～10時間労働制を実施する」等の政策が打ち出された。1949年11月、中華全国総工会が「生産活動を発展させ、経済を繁栄させ、公私を両立させ、労使双方に利益をもたせる」という経済政策と労働政策を具体化させるために、「労使関係処理臨時弁法」、「私営企業の労使双方による労働協約締結臨時弁法」、「労働争議解決手続に関する臨時規定」を制定した。1950年4月、労働部が「私営企業の中に労使協議会を設置する指示」を公表し、1950年6月、中央人民政府が「中華人民共和国工会法」を施行した。そして、都市部の失業者を救済するため、1950年に政務院が「失業者を救済する指示」を公表し、労働部が「失業者救助臨時弁法」を公表し、1951年に政務院が「労働保険条例」を公表し、1952年に政務院が「失業者対応弁法」を可決した。労使関係を安定させ、生産・発展を促進するために、「生産を発展させ、労使双方に利する」方針が、当時労使関係関連問題を処理する重要な原則となった。この原則の下で、労使関係を協調させる具体的な法規制を作り、労使協議会を組織させる等の手段によって、企業の運営状況が好転し、労使争議事件が著しく減少した。

イ　1957年計画経済の実行から改革開放前まで

　1956年末、中国は基本的に農業、手工業と資本主義商工業に対する社会主義改造を終

わらせ、生産資料私有制から社会主義公有制への転換を実現した。その時点で、社会主義経済制度が確立され、中国は社会主義初級段階に入った。この段階において、政府は市営商工業の発展を支持し、その雇用創出の機能を発揮させた。一方、私営企業の労働者利用の柔軟性が制限され、正当な理由なく労働者を募集・解雇することは許されないとされた。1957年に国務院が「労働力分配につきいくつかの問題に対する通知」を公表し、国が労働力の利用形態を変え、全国統一招集の形で、毎年新たに育成された労働力を「引き受け」、統一的に企業に分配する「統一分配」の労働力利用制度を形成し、計画経済体制に属する高度に集権的な労働就業制度を成立させた。

(2) 1980年代経済体制改革と労働関係の転換

1978年、共産党11回3中全会が開催され、党と国家の政策の重心を経済建設に移し、改革開放を実施し始めた。労働法領域においては、労働契約制度を導入することによって、計画経済体制の下での「固定工」を代表とする統一分配式な労働力利用制度を変え、経済体制改革の目標を実現しようとした[44]。労働関係が部分的に市場化されたうえで発展するようになった。1980年、全国労働就業業務会議の中で、「国の統一的な企画と指導の下で、労働部門による就職紹介、自発的な集団就職と自発的な個別就職を組み合わせる」という方針が明らかにされた。1980年から、上海が労働契約制の社会実験を始め、一部の業界において新規採用労働者を対象に、労働契約制を実施した。1982年、社会実験の範囲が北京、広西、広東、河南等に拡大された。1983年2月、当時の労働人事部が「積極的に労働契約制を試行する通知」を出し、既に試行している地域と単位が適度に改革を早めると同時に、まだ試行していない地域には、1983年内に試行を始め、試行の経験をまとめ、逐次に試行範囲を広げることが求められた[45]。1983年6月、第6回全国人民代表大会「政府業務報告」の中に、「労働人事制度を段階を踏んで改革し、自由な雇用・解雇・昇格・降格を可能にし、優秀な人材を選抜して採用できるようにし、国家の計画指導の下で、社会全体の労働力分配を柔軟に調節し、人材の成長と合理的な利用を促進する」ことが述べられた。1986年7月、国務院「四項臨時規定」によって、労働関連制度の大幅な改革が始まった。①労働者の募集に関して、「国営企業労働者募集臨時規定」によると、「国営企業が労働者を募集する際、国の労働賃金計画指標内で、先に職業訓練をし、後に就業することを原則とし、全社会に向けて募集しなければならない。企業はあらゆる形式での縁故採用を止め、定年退職労働者に対して、「子女がそのポストを引き継ぐこと」を止めなければならない」。②労働者の利用形態改革に関して、「国営企業労働契約制度執行臨時規定」によると、「企業が国家労働賃金計画指標内で常用職の労働者を募集する際、特別規定が設けられていない限り、統一的に労働契約制度を実施する。具体的な労働者利用形態は、企業がその生産活動の特徴と需要によって確定する。契約期

---

[44] 林嘉『労働法の原理、体系と問題』法律出版社5頁。
[45] 劉慶唐『労働契約制手帳』科学出版社1986年12月版13頁。

間が1年以内の臨時労働者、季節労働者、5年以上の長期労働者、1年〜5年の短期労働者と定期的にシフトする労働者を募集・採用することができる」。③企業の労働管理改革に関して、「国営企業紀律違反労働者解雇臨時規定」によると、「著しく労働紀律に反し、生産活動や労働秩序関連規定に影響を及ぼし、教育または行政処分を経た後に効果のない労働者に対して、企業はそれを解雇し、解雇証明書を発行することができる。労働者を解雇する際、企業工会の意見を求め、企業内の関連部門と当地の労働人事部門に届出をしなければならない」。④労働者失業保険に関して、「国営企業労働者失業保険臨時規定」によると、「破産宣告をした企業の労働者、破産に瀕し、法定の生産期間中に企業に整理解雇された労働者、企業がその労働契約を終了させた労働者、企業が解雇した労働者に関して、一定の要件を満たす場合、失業保険を受け取ることができる」。

(3) 1990年代市場経済体制の確立と労働関係の市場化

　1992年、中国共産党第14回全国代表大会の際に、社会主義市場経済体系を確立することが明確にされた。1993年11月、共産党第14回3中全会において、「中国共産党中央委員会による社会主義市場経済体制の確立に関する若干問題の決議」が公表され、国有企業の経営価値の転換目標は、現代企業制度の確立であること、企業の労働者利用の自主権を含む自主性を強化する必要があることが明確に規定された。1993年の憲法修正案は、「社会主義市場経済を実施する」ことを確定すると同時に、複数の所有制度が併存する改革方向を確立した。この時期、「労働法」の施行と同時に、中国は社会主義市場経済の下での労働関係調整関連の基本的な労働法制度を確立した。

　1994年7月5日、第8回全国人民代表大会常務委員会第8回会議において、「中華人民共和国労働法」が可決された。これは中華人民共和国成立後に施行された初めての労働法典であり、労働関係を調整する基礎的、総合的な法律である。「労働法」の公表と施行には重大な意義がある。①市場経済に転換する際の労働関係調整に対して、法的根拠を与えた。社会主義市場経済体系の確立は、労働関係の分野において、計画経済時代の固定工制度から労働契約制度への転換を意味し、労働契約制度は市場経済体制の下での労働者利用に関する基本的な制度であり、この新たな労働者利用制度を法的手段によって調整する必要性がある。②労働者保護という基本原則が「労働法」によって確立された。「労働法」はその第1条において、「労働者の合法的な権利・利益を保護すること」を明確に規定した。労働者の合法的な権利・利益を保護することは労働法の規制目的であり、労働法が誕生した日から、労働者保護がその機能になっている。労働権は憲法に保障される基本権であり、中国憲法42条によると、「中華人民共和国の公民は労働する権利と義務がある」。そして、公民の労働基本権の実現を保障するために、憲法に規定された労働権は労働法によって更に具体化される必要がある。労働関係において、労使間の経済的地位が平等ではなく、労働者が相対的に弱い立場に置かれるため、法律の強制力によって労働者を保護する必要がある。そこで、「労働法」は労働者の合法的な権利・

利益を保護することを明確に規定し、それを労働法の基本原則として確立した。③労働関係の発展を調整することができる。労働関係は基本的な社会関係であり、労働関係の調和と安定は、国家経済の発展と社会の安定に重大な影響力を持つ。中国労働法が労働法体系の基本内容を構築し、法律という強制規範によって、労働関係双方当事者の権利と義務を明確に規定し、労働契約、労働協約、労働基準等の内容を規定することによって、労働関係を様々な手法で調整する法規制を確立した。中国労働法の施行は現代労働関係発展の需要に合致し、労働関係の調和と安定を有力に推進した。

労働制度に関して、中国労働法が公表された後、その実施に合わせて、1992年4月に「中華人民共和国工会法」が可決され、国家政治、経済と社会生活における工会の地位を更に明確にした。1994年2月、国務院が「労働者の労働時間に関する規定」を公表した。同年、労働部が「整理解雇関連規定」、「企業労働者が病気又は労災で負傷した場合の治療期間関連規定」、「労働契約に違反し、それを解除する経済保障弁法」、「労働協約規定」等を含む17の関連規制を公表した。これらの規制によって、労働法体系が構築されていく。一方、労使関係は基本的に安定しているが、労働紛争事件が増えるようになった。

(4) 21世紀の調和の取れた労働関係の構築と展開

21世紀に入ってから、中国の政治、経済、社会、法制度の建設や、改革開放の推進と同時に、労働関係にも大きな変化が生じ、労働法制度の構築が加速している。2004年、中国共産党第16回4中全会において、社会主義調和社会を構築するという戦略目標が掲げられた。「民主法治、公平正義、誠実友愛、活力に溢れ、安定秩序、人と自然が調和すること」が調和社会の重要な内容である。労働関係は最も基本的な社会関係であり、労働関係の調和・安定は、社会全体の調和・安定に深く関わっている。この時期、中国労働契約法等の施行によって、中国の労働法制度が引き続き整備されるようになった。

2007年6月29日、第10回全国人民代表大会常務委員会にて可決された中国労働契約法は、安定・調和した労働関係を確立し、労働者の合法的な権利・利益を保護するために積極的な意義を有している。中国労働法と比べて、中国労働契約法の内容には新規性と進歩した点が多くある。

ア 労働者の合法的な権利・利益を保護するという立法趣旨が明確にされたこと

中国労働契約法の立法過程において、その立法目的が「労働者の合法的な権利・利益を保護すること」か、それとも「労働者と用人単位双方の合法的な権利・利益を保護すること」かは、大きな議論を呼んだ。条文の中に労働者保護の趣旨を明確にしたのは、以下の主に3つの理由によるものである。①労働関係の双方当事者の経済的立場は平等ではないため、それを国家立法の形で修正する必要がある。②中国労働契約法は労働法に属し、社会法としての属性を持つ。労働問題を解決し、労働者を保護することをその立法目的とするべきである。③中国の労働関係の現状に鑑みて、労働者保護を強調する必要

がある。「資本家が立場的に強く、労働者が立場的に弱い」という特徴に鑑みて、労働者保護を強化し、安定・調和した労働関係を構築すべきである。

イ　労働契約の締結が規範化されたこと

中国労働契約法第 10 条によると、「労働関係を成立させるためには、書面で労働契約を締結すべきである。既に労働関係を成立させたが、書面で労働契約を同時に締結していない場合、労働者を利用し始めた日から 1 ヶ月以内に書面で労働契約を締結すべきである。用人単位が使用開始前に労働者と労働契約を締結した場合、労働関係は労働者を利用する日に成立する」。用人単位と労働者が書面で労働契約を締結するようにするため、中国労働契約法第 82 条第 1 項は、「用人単位は労働者を利用し始めた日から、1 ヶ月を超え、1 年未満の間に労働者と書面で労働契約を締結した場合、労働者に毎月 2 倍の賃金を支払わなければならない」と規定した。中国労働契約法第 14 条第 3 項は、「用人単位が就労開始日から満 1 年以内に労働者と書面で労働契約を締結しない場合、用人単位が労働者と既に期間の定めのない労働契約を締結したとみなす」と規定した。

ウ　期間の定めのない労働契約の適用範囲が拡大されたこと

契約期間が短いという問題を解決するため、中国労働契約法は期間の定めのない労働契約の適用範囲を拡大した。同法第 14 条第 2 項によると、「用人単位と労働者が協議して合意する場合、期間の定めのない労働契約を締結できる。下記要件のうち、1 つでも満たされ、労働者が労働契約の更新又は締結を申し出た場合、労働者が期間の定めのある労働契約を締結するよう申し出た場合を除き、期間の定めのない労働契約を締結すべきである。①労働者が当該用人単位で継続的に満 10 年間就労した場合、②用人単位が初めて労働契約制度を実施し、又は国有企業が制度を改革し、改めて労働契約を締結する際に、労働者が当該用人単位で継続的に満 10 年間就労し、かつ法定した定年退職年齢までに 10 年間に満たない場合、③2 回連続して期間の定めのある労働契約を締結し、労働者が本法律第 39 条と第 40 条第 1 項、第 2 項に規定された要件[46]を満たすことなく、労働契約を更新する場合」とされている。また、中国労働法上の「双方当事者の同意により労働契約を継続する」要件が変更された。中国労働契約法第 82 条第 2 項によると、「用人単位が本法律の規定に反し、労働者と期間の定めのない労働契約を締結しない場合、期間の定めのない労働契約を締結すべき日から、労働者に毎月 2 倍の賃金を支払うべきである」。これらの規定は、法律の規制と誘導によって、労働関係の長期化を実現することを目的とする。

そのほか、中国労働契約法は違約金条項の適用を制限すること、経済補償金の適用範囲を拡大すること、労働者派遣を規制すること、パートタイム労働を規制すること、用人単位の違法コストを上げること等に関して、より詳細な規定を設けた。

---

[46] すなわち中国労働契約法上の解雇要件と解雇予告要件。

中国労働契約法が公表されたのと同じ年、全国人民代表大会常務委員会が「就業促進法」と「労働紛争斡旋仲裁法」を公表した。安定・調和した労働関係を確立し、労働者の合法的な権利・義務を保護する点に関して、積極的な意義がある。また、2001年に工会法が改正され、2011年に「職業病防止・治療法」が改正され、2012年に中国労働契約法が改正され、労働者派遣に関する規制が強化され、2014年に安全生産法が改正された。労働関連法律のほか、2008年に国務院が「労働契約法施行条例」、「女性労働者保護特別規定」、「事業単位人事管理条例」等の行政法規を公表し、国家人力資源・社会保障部が「企業労働者有休実施弁法」、「労働人事紛争仲裁審理規則」、「労働者派遣臨時規定」等の行政規定を公表した。前述した法律・規範の制定は、新世紀の労働関係の変化に対応し、調和した労働関係を構築するために重要な役割を演じる。

２．中国の労働関係の特徴

(1) 労働関係の多様化
ア　労働関係主体の多様化
　公有制を主体とし、多様な所有制を同時に発展させる基本的な経済制度を確立した後、外資系企業を含む各非公有制経済が大きな発展を遂げた。労働関係に関しては、以下の特徴が挙げられる。
(ア) 用人単位が一種類から多種類に変更されたこと
　従来の国有企業と集団企業のほか、外資系企業が労働力市場の重要な一部になり、私営企業もグローバル競争の中で急速な成長を遂げ、国有企業、集団企業における就労の総量が減少し、非公有制企業が労働者の重要な就労先となった。そのうち、とりわけ中小企業が重要な役割を演じた。
(イ) 労働者がレベル分けされること
　一方、国有企業の改革によって、多くの労働者がリストラされた。一方、産業のグローバル化と同時に、多くの労働力密集型産業が中国に移され、膨大な農村労働力が国内労働力市場の主力となり、多くの農村労働力が都市部に移動し、農民工が工場労働者の主体となった。そのほか、高等教育と職業教育の普及とともに、高級管理職や高度な専門技術を持つ労働者が急速に増え、労働市場の調整により、労働者が徐々にレベル分けされ、各レベルの労働者には異なる利益要求が生じてきた。
イ　労働力分配の市場化
　労働関係の主体に重大な変化が生じたため、労働関係の分野における国家、企業と労働者個人の役割にも根本的な変化が生じた。国家が統一的に労働力を分配する従来の就職体系が解体され、企業が自主的に労働者を採用し、労働者が自主的に就労先を選択するという市場化した就職体系が形成された。また、市場の選択によって、労働関係が従

来の身分制から契約制に転換し、固定工制度がなくなり、すべての企業が労働契約制を実施するようになった。

(2) 就労形態の柔軟化

用人単位の主体、労働者の主体の多様化に伴い、労働関係が固定的な身分制から、自由・流動的な契約制になり、就労形態も多様化するようになった。伝統的な労働関係は、二者間関係、8時間労働制、フルタイム労働、期間の定めがない等の特徴を持つが、柔軟な就労と制度転換の過程において、これらの典型的な労働関係に大きな変化が生じた。パートタイム労働、労働者派遣、アウトソーシング等の非典型的な労働関係が絶え間なく発展し、とりわけ労働者派遣が急速に発展してきた。21世紀に入って以来、多くの用人単位は雇用の柔軟性を増やすため、直接雇用を労働者派遣にし、派遣が主要な就労形態となった企業も少なくない。政府が派遣労働の利用を制限した後、シェアリング・エコノミーと人工知能の発展によって、労働者の労働時間が柔軟性を増し、就労場所が分散化し、労働形態がより多様化、柔軟化するようになった。

(3) 労働関係の緊張化

労働関係は労働者と用人単位の二者間関係であるが、当事者の利益が多様化すると同時に激しく対立するようになったため、労使間の矛盾が顕在化するようになった。

ア 労働者の権利・利益を侵害する現象がまだ多く見られること

労働時間規制に反し、サービス残業をさせ、労働者が法定の休暇を享受できないこと、用人単位が安全生産法と職業衛生法に反し、労働者の生命と健康に被害が及ぼされること、賃金支払に関する保障規制がないため、経営困難な企業や、工事現場において、農民工の賃金の不払いまたは理由のない減額支払いがなされること等を代表とする労働基準規制違反が見られる。

イ 収入格差が大きくなること

改革開放の推進により、経済が急速に発展し、一部の人が多額の富を得た。それと同時に、貧富の格差が大きくなり、とりわけ都市部と農村部の格差が開く一方である。労働市場において、異なる労働者集団、異なる業界の収入格差が大きくなり、労働報酬がGDP全体に占める割合が低くなる傾向がある。すなわち、労働報酬の増加が経済の発展や財政収入の増加についていけず、単純労働者の収入が低い。それによって、労使双方の矛盾と対立が深刻化しつつある。

(4) 労働関係の国際化

経済のグローバル化に伴い、各国の経済活動が国境を超え、対外貿易、資本の流動、技術の移転、サービスの提供等によって、相互に依存し、繋がるグローバル規模の経済体を形成している。国境を超える人口の流動が、国境を超える就労現象を普遍的なものにした。

ア 労働者のうち、海外赴任者数が大きく増えたこと

統計によると、2018年前半、中国が海外に各種の就労者21.8万人を送出し、2016年の同時期と比べて、0.1万人減少した。そのうち、請け負ったプロジェクト遂行のために12.2万人を送出し、労務交流のために9.6万人を送出した。2018年6月末に、海外にいる各種就労者は合計99.6万人であり、2016年同時期と比べて、7.8万人増えた[47]。労働者が海外に赴き就労することは、その収入を増やし、就職を促進することに積極的な影響を及ぼしていると同時に、様々な問題をもたらした。例えば、一部の企業または個人が違法に就労者を組織して外国に送り出すこと、国外で就労する者の権利・利益が侵害されること、国外の集団型労務紛争等が挙げられる。

イ　中国で就労する外国人の人数が増えていること

　中国の経済発展と対外開放政策の拡大に伴い、政策上の優遇によって多くの外国投資が誘致された。2018年1～7月、中国で35239社の外資系投資企業が新設され、前年同期比99.1％増加した。実際に使用した外資が4967.1億人民元であり、前年同期比2.3％増加した（760.7億ドルに換算する場合、前年同期比5.5％増加）[48]。大量の外国企業の従業員が中国国内に入り、「外国人労働者」になった。一方、国外の高級技術者、管理者と不足する特殊技能者が中国で就職し、高度人材の不足問題を解決することが政府によって促進されている。統計によると、2016年末時点で、外国人就労証明を持って中国で就労する外国人の数は23.5万人である[49]。一方、外国人の不法就労者の数も急激に増えている。2011年、全国の入国管理部門によって処理された外国人不法就労事件は2万件を超えた。不法就労は主に外国語教育、演芸、家事代行サービス、労働集約型産業等の分野に集中しており、不法就労者の多くは留学、訪問を理由に入国し、不法就労に従事する[50]。

3.　新時代の中国労働関係が直面する挑戦

(1)　非典型労働関係の発展

　先進諸国を見ると、典型的な労働関係、もしくは就労形態とは、期間の定めのない労働契約形態を指し、例えば有期契約、パートタイム、労働者派遣等のその他の労働関係は、非典型的な労働関係に該当する。欧州諸国の労働法が第二次世界大戦後に急速な発展を遂げ、高水準の労働保護政策の下で、典型的な労働関係に当たる期間の定めのないフルタイム労働が法律によって厳格に保護され、労働形態の大多数を占めてきた。それ

---

[47] 中国商務部対外投資・経済協力司『2018年1～6月中国対外労務協力業務統計概要』
http://hzs.mofcom.gov.cn/article/date/201807/20180702770740.shtml
[48] 2018年1～7月中国外資誘致情況に関する商務部外資司責任者発言
http://www.gov.cn/xinwen/2018-08/16/content_5314343.htm
[49] 中国人力資源・社会保障部「2016年度人力資源・社会保障事業発展統計広報」
http://www.mohrss.gov.cn/ghcws/BHCSWgongzuodongtai/201705/W020180521568816106756.pdf
[50] 楊煥寧「外国人出入国と居住、就労管理情況報告——2012年4月25日第11回全国人民代表大会常務委員会第26回会議において」『中国全国人民代表大会常務委員会広報』2012年第3期。

に対し、有期契約の利用は比較的少ない。しかし、1990年代に入ってから、経済のグローバル化と金融危機等の要素の影響の下で、伝統的な労働形態は大きな挑戦に直面することになり、労働関係の成立、並びに成立方式は市場によって決められ、政府は過度に介入すべきではないという意見が主流になった。一方、製造業が主導する産業構造の下では、フルタイムでの長期雇用が主流だったが、商業、サービス業の拡大により、単純で統一した伝統的な労働形態は、もはや労働関係における双方当事者の需要を満たすことができなくなり、それに取って代わるのは、柔軟性のある労働形態である。非典型労働が急速な発展を遂げ、パートタイム労働、有期労働契約、労働者派遣等が大量に使われるようになり、全体的に見ると、非典型労働が占める割合は絶え間なく上昇している。例えば、台湾の「非典型労働者」の数が2008年の65万人から、2016年の79.2万人に上昇し、労働者全体に占める割合も6.2％から7.04％に上昇した。そのうち、20万人近い労働者の年齢が15～24歳の年齢層にあり、6割が勤労学生である[51]。日本においても似たような展開が見られる。日本は長い間、終身雇用制度、年功序列の賃金体制と企業別組合をその労働関係を支える三本の柱として来たが、近年、その終身雇用制度が大きな挑戦を受け、非典型労働が急激な発展を遂げ、全労働者における割合が急速に上昇し、1997年の24.6％から2002年には31.9％になった。そのうち、成長速度がもっとも速かったのは労働者派遣と有期契約労働である[52]。

(2) シェアリング・エコノミーの普及

シェアリング・エコノミーはデータ処理技術を基礎に、インターネット、クラウド、ビッグデータ、IoTと人工知能等を通じて、中国で急速な発展を遂げ、中国の経済活動に活力を付与すると同時に、多くの就労機会を創出している。2017年に、中国のシェアリング・エコノミーは高速成長を維持し、経済成長にパワーをもたらし、就職を促進する面において重要な役割を演じてきた。ネットプラットフォームは大量の就職者を吸収している。統計データによると、2007年から2016年までの10年間、新たな経済形態の年間平均成長率が16.1％であり、同時期の全国経済成長率の1.9倍であり、新たな就労形態は平均7.2％の年間成長率を実現し、全国就労成長率の22倍である。新たな業態による経済成長率は年間20.6％であり、新たな就労形態は年間7.7％の成長率を実現している。2016年時点で、新たな経済形態が経済全体に占める割合が14.6％に達し、新たな就労形態での就労者数が就労者全体の10.1％に達している[53]。2017年、シェアリング・エコノミーにおけるサービス提供者の人数が約7000万人であり、昨年より131万人増加し、

---

[51] 「台湾非典型就労者数が記録的に80万近くになっている」
http://www.chinanews.com/tw/2016/12-01/8080585.shtml
[52] 契約労働が日本労働法上の新たな概念であり、典型労働契約以外の契約、例えば請負、委託契約等によって、労務給付と報酬給付関係を成立させることである。田思路、賈秀芬『契約労働の研究――日本の理論と実践』法律出版社2007年版32～33頁。
[53] 『人口と労働録書：中国人口と労働問題報告No.18――新たな経済、新たな就労』が北京で公表される
http://ex.cssn.cn/zx/bwyc/201712/t20171219_3785104.shtml

2017年都市部新規就職者数の9.7%を占める。すなわち、都市部の100人の新規就職者のうち、約10人がシェアリング・エコノミー関連企業で就労することになる。2020年になると、シェアリング・エコノミーの規模がGDPの10%を占め、2025年に20%に達すると予想される。そして、シェアリング・エコノミーのサービス提供者数が1億人を超える可能性がある[54]。シェアリング・エコノミーの普及により、多くの人が労働関係から就労関係に、雇用型就労から起業型就労に、フルタイムからパートタイムの兼業に移行する。正規労働者の長期的な労働関係とは違って、プラットフォーム就労者、パートタイム労働者、臨時労働者等の柔軟な就労関係は多様化し、非正規、移動性が高い、短期等の特徴を現す。これらの新たな傾向は、伝統的な労働関係に大きな挑戦をもたらす。

第2節　労働関係の認定と関連概念との区別

1. 労働関係の概念

　労働関係は労働法の主な調整対象であり、労働法が独立した法部門として確立する社会的基礎である。労働関係の認定は、労働法適用の出発点であり、労働者と用人単位の間に労働関係が存在するかどうかは、双方当事者が労働法に規定される権利を享受し、相応の義務を履行するかどうかに直接影響し、とりわけ解雇保護や、書面労働契約を締結していない場合の2倍賃金といった労働者保護規制を享受できるかどうか等は、例外なく労働関係の認定を経る必要があるため、労働法研究の基礎的な問題の1つである。

　広義の労働関係と狭義の労働関係は異なる。当初、中国の労働法学者は労働者と用人単位を中心に労働関係を理解し、労働関係がただ「労働力の所有者（労働者）と労働力の利用者（用人単位）の間に、労務給付の過程を実現するために発生した、片方が有償で労働力を提供し、相手方がその労働力をその生産手段と結びつけるという社会関係」と理解していた[55]。このような観点は、2つの理由によるものである。

　第一に、それは伝統的なドイツ労働法上の概念から影響を受けた結果である。ドイツの場合、労働関係は労働者と使用者の労働契約によって成立させられる。1969年、ドイツ民法典に労働関係の概念が導入され、同法621条と622条において、非労働関係と労働関係における解雇に対して、異なる規制を設けることにした。ドイツ労働法は個別法と集団法に分けられているが、一般的には個別法の中でしか「労働関係」という概念を使わない[56]。

---

[54] 『中国シェアリング・エコノミー発展年度報告（2018）』
https://baijiahao.baidu.com/s?id=1593820658591750458&wfr=spider&for=pc
[55] 王全興『労働法』（第3版）法律出版社2015年29頁。関懐その他『労働法』（第3版）中国人民大学出版社2008年15頁。賈俊玲「労働法学」北京大学出版社2009年2頁。
[56] 林嘉『労働法の原理、体系と問題』法律出版社64頁。

第二に、計画経済から社会主義市場経済体制に転換する中、用人単位と労働者の個別労働関係の構築と整備に関する需要が高まる。外国の労働法理論が導入され、団体交渉、団体争議を特徴とする集団労働関係が急速な発展を遂げ、学者たちは集団労働関係をより重要視するようになった。そこで、労働関係は狭い意味での労働関係と広い意味での労働関係に分けられるという意見が現れた。そのうち、集団労働関係は広い意味での労働関係として理解された。すなわち、労働を実現する過程において、労働者集団（工会）と用人単位または用人単位集団が形成した、団体交渉と労働協約の締結を内容とする社会関係も広い意味での労働関係という。

　現在、中国労働法と中国労働契約法は「労働関係」の概念と認定基準に関して、まだ明確な規定をしていない[57]。旧労働・社会保障部は2005年に「労働関係の確立に関する関連事項の通知」（労社部発［2005］12号）（以下、「労働関係認定通知」という）を公表した。労働関係認定通知の第1条は、書面で労働契約を締結しなかった場合の労働関係認定基準を明らかにした。すなわち、「用人単位が労働者を採用し、書面で労働契約を締結していないが、以下の要件を同時に満たす場合、労働関係が成立する。
① 用人単位と労働者が法律・法規に規定された主体としての資格を有すること、
② 用人単位が法律によって、就業規則を制定し、それを労働者に適用し、労働者が用人単位の管理を受け、用人単位が指定した有償労働に従事すること、
③ 労働者が提供する労務は、用人単位の業務を構成すること」。

　理論的に見ると、第二の要件は実質的に人的従属性を表したものであり、第三の要件は経済的従属性を表したものである。しかし、比較研究をした結果、現在の労働関係認定基準はまだ相対的に機械的で、柔軟性を欠いている。

2. 労働関係の当事者認定基準

(1) 労働者

　広い意味でいう労働者とは、法定の就労年齢（満16歳）に達し、労働能力を有し、労働に従事することで合法的に収入を獲得し、それを生活資料の源とする公民である。狭い意味でいうと、法定年齢に達しており、労働能力を有し、用人単位と労働関係を成立させた公民が労働者である。労働法上にいう労働者は通常後者を指している。狭義の労働者はまた被雇用者、職員等と称される。

　中国労働法第2条によると、「中華人民共和国内の企業、私営経済組織（以下、「用人単位」という）並びにそれと労働関係を形成した労働者には、本法律が適用される。」中

---

[57] 以下、「労働関係」というのは狭い意味での「個別労働関係」を指す。

国労働契約法第2条によると、「中華人民共和国国内の企業、私営経済組織、民間の非企業単位等の組織（以下、「用人単位」という）と労働者の間に労働関係を成立させ、労働契約を締結、履行、変更、解除または終了する場合、本法律を適用する。国家機構、事業単位または社会団体と労働者の間に労働関係を成立させ、労働契約を締結、履行、変更、解除または終了させる場合、本法律を準用する」。労働関係の当事者である労働者には、中国労働法と中国労働契約法が適用されるが、法律条文は労働者を定義していない。関連規制によると、労働者の認定要件は主に以下のようになる。

ア　年齢

中国労働法第15条によると、「用人単位は16歳未満の未成年者を募集・採用してはならない。文芸、体育と特殊工芸関係の用人単位が16歳未満の未成年者を募集・採用する際、国家の関連規定に従い、許可手続を取り、その義務教育を受ける権利を保障しなければならない」。2002年に国務院が「未成年労働者利用禁止規定」を公表した。同規定2条1項によると、「国家機構、社会団体、企業・事業単位、民営非企業単位または個人事業主は16歳未満の未成年者を募集・採用してはならない」。すなわち、労働者最低就労年齢は16歳と規定されている。

中国の場合、最低就労年齢が法律によって規定されているが、最高就労年齢に関する明確な規定はない。その代わりに、定年年齢は「国務院による老・弱・病・障害者幹部を安定させる暫行弁法」と「国務院による工場労働者定年退職暫行弁法」に規定されている。すなわち、男性労働者の場合では60歳、女性労働者の場合では55歳が定年年齢になる。「就労年齢を法律によって定めることは、すなわち公民の就労年齢の存続には法的規定があることを意味する。その期限の到来は、労働年齢の終了を意味する。法定就労年齢を超えた人は、最低就労年齢に達していない未成年者と同じように、労働法の意味で言う労働には従事すべきではない」と主張する学説がある[58]。一方、「定年退職というのは、労働者が法律の規定により、定年退職の法定要件を満たす場合、職業労働分野から身を引き、定年退職待遇を享受するという法的行為、並びに当該法的行為によってもたらされる事実状態である」という観点がある[59]。中国の場合、強制定年退職制度を取る場合が多いため、定年年齢が労働年齢の上限に相当すると理解される場合がある。しかし、労働権は憲法から公民に付与される基本的な権利であり、憲法と関連法律が労働権の喪失に対して明確な規定をしたわけではない。したがって、定年退職年齢を労働年齢の上限として理解すべきではない。それを労働年齢の上限とみなすと、労働権の喪失を意味することになるため、適切ではない。

イ　健康

労働者が健康であるかどうかを判断する基本的な基準は、労働者がその労働義務の履

---

[58] 黎建飛『労働法の理論と実践』中国人民公安大学出版社2004年版70頁。
[59] 鄭尚元『企業従業員の年金請求権と権利構築』清華法学2009年第6期。

行にふさわしい身体状況にあるかどうかである。健康要素が労働者資格に対して、主に以下の2つの面で影響を与える。

(ア) 労働者の就職に対する影響

障害者に関して、その労働能力はある程度制限されるが、完全に労働能力を失ったわけではなく、その身体状況に応じて労働に従事することができる。「就業促進法」第29条第1項によると、「国家が障害者の労働権利を保障する」。同条第3項によると、「用人単位が労働者を採用する際、障害者を差別してはならない」。同法第30条によると、「用人単位が労働者を募集する際、伝染病のウイルスキャリアを理由にその採用を拒否してはならない」。知的障害者に関して、その知的水準にふさわしい業務に従事することができる。

(イ) 労働者の就労に対する影響

中国労働法第26条第1項によると、労働者が疾病または労災以外の理由で負傷し、治療期間が満了した後、元の業務に従事することも、用人単位が別途用意した業務にも従事できない場合、用人単位は30日前に書面形式で、労働者に労働契約の解約を通知することができる。

ウ 職業資格

職業資格とは、特定の職業に従事するために必要となる学識、技術と能力に関する基本的な要求であり、労働者が職業労働の需要に対応するために、特定の知識、技術と能力を運用する能力を反映している。中国労働法と職業能力法の関連規定によると、技術が複雑であり、汎用性が広く、国家の財産と国民の命の安全や消費者利益に影響を及ぼす職業に従事する労働者は、国家に規定される職種に就こうとする場合、相応の職業資格証書を取得しないと、就労できない。例えば、法律関係の仕事に従事する場合、「司法職業資格」を取得する必要があり、教育関係の仕事に従事する場合、「教師資格」を取得する必要がある。

(2) 用人単位

外国の場合、用人単位は一般的に「雇主」と言われる。一方、中国の法規範の中では、雇主という呼称が使われておらず、統一的に用人単位と呼ばれている。いわゆる用人単位とは、労働者を利用する主体としての資格を有し、労働者を組織して社会労働に従事してもらい、賃金を支払い労働者を利用する主体である。中国労働法と中国労働契約法によると、用人単位として、企業、民営非企業単位、個体経済組織、国家機関、社会団体等が含まれるが、現在、これ以外の組織と自然人は含まれていない。「用人単位」というのは中国労働法上の特殊な概念であり、「雇主」の概念を導入してこれを代替することは難しい。

ここでいう企業には、企業法人、共同企業、独資企業等が含まれる。企業とは生産、流通、サービス提供等の経済活動に従事し、その生産活動またはサービス提供によって社

会の需要を満たし、自主的に経営し、独立して採算を取り、法律に則って設立される営利を目的とする経済組織である。

民営非企業単位とは、企業事業単位、社会団体とその他の社会団体または国民個人が非国有資産を利用して作った、非営利型社会サービス活動に従事する組織である[60]。例えば、一部の私立学校、私立病院、私立図書館、私立博物館等が挙げられる。

個体経済組織とは、商業登記をし、労働者を招聘・採用する個人事業主である。国務院が 1987 年に公表した「都市・農村個人事業主管理臨時条例」第 4 条によると、「個人事業主は個人単位で経営しても、家庭単位で経営しても良い。個人単位で経営する場合、個人の全財産ももって民事責任を負う。家庭で経営する場合、家庭の全財産をもって民事責任を負う。個人事業主は経営状況によって、1〜2 名の補助者を雇うことができる。技術を持つ個人事業主は、3〜5 人の学徒を雇うことができる」。

労働契約法第 2 条によると、「国家機関、事業単位、社会団体と、それらとの間で労働契約関係を成立させる労働者が、労働契約を締結、履行、変更、解除または終了させる場合、本法律によってそれを行う」。ここでいう国家機関には、国家権力機関、国家行政機関、司法機関、国家軍事機関、政治協商会議等が含まれる。国家機関が公務員を募集・採用する際、労働法の代わりに公務員法が適用される。国家機関が用務員を募集・採用する際、労働契約を締結すべきである。この場合、国家機関が労働法上の用人単位になる。

社会団体というのは、公民が自発的に組織した、会員の共同意思を体現し、その内部規定に沿って活動する非営利型社会組織である。党派を含む一部の社会団体は、用務員を除いて、すべての職員が公務員であり、公務員法の適用対象である場合がある。工会、共産主義青年団、婦女子連合会、工業・商業連合会等の社会団体、文学芸術連合会、サッカー協会等の文化・芸術・体育団体、法学会、医学会等の学術研究団体、各種の業界団体等の社会経済団体は、実務上国家編成下に入り、その用務員以外の職員には、公務員法が準用される。その他、多くの社会団体が中国労働法上の用人単位に当たる。

前述した主体の他、労働法上の用人単位として、他の経済組織が含まれている。「労働契約法実施条例」によると、会計士事務所、弁護士事務所等の組織や財団は、中国労働契約法に規定される用人単位に該当する。

3. 労働関係従属性認定基準

労働関係の基本法理、諸外国の立法・司法実践によると、労働関係が成立しているかどうかを判断する際、以下の要件を審査する必要がある。①主体としての資格がある。②労務給付の成果ではなく、労務給付自体を主な内容とする。民法上の加工・請負関係

---

[60] 「民営非企業単位登記管理暫行弁法」(国務院令第 251 号) 第 2 条。

等と区別する際にこの要件が重要視される。③労務給付の受領者が労務提供者に対して、彼を指揮・コントロールする権利があるかどうか。すなわち、双方当事者に従属性があるかどうか。これらの要件のうち、「従属性」判断は労働関係認定において最も重要な要素である。

(1) 人的従属性

人的従属性とは、用人単位が労働者をその生産組織に取り入れた上で指示をし、就労場所、労働時間、業務量と労働強度、労務給付過程等の労働内容を決定することである。すなわち、労働者個人を用人単位のコントロール範囲内に置き、労働者の人身と人格を支配することである。用人単位が実際に労働者を利用するため、労働者が用人単位に提供される就労場所に入り、用人単位の生産組織の一員として受け入れられ、用人単位の指示命令に従い、人格的に用人単位に属し、人身権関係を形成する。具体的に言うと、①労働者が労務を提供する際、その自主権が制限され、用人単位に指定された労務内容に従事しなければならない。「人的従属性は労働者が自由な決定をする権利に対する抑圧であり、そして労務給付内容の詳細も予め決められているわけではない。労務給付の具体的な内容は労務提供者が決めるのではなく、労務受領者によって決められる」[61]。②人的従属性とは、労働者が用人単位からの指示命令に従うことであり、労務を提供する際、用人単位の労働秩序と具体的な手配に従わなければならない。そこで、それを用人単位の「指揮命令権」と呼称する学者もいる。③労働者が就業規則等に違反する場合、用人単位は関連規定に沿って労働者を処罰することができる。

(2) 経済的従属性

経済的従属性とは、労働者が労務を提供し、経済活動に参加する際、用人単位に付属する経済的立場にあり、その経済活動が用人単位の経営活動に該当し、労働者自身も用人単位の組織の一部であることである。「経済的従属性は、雇われる人が完全に雇主の経済組織と生産構造の中に組み入れられ…要は雇われる人が自分の事業のために労働するのではなく、他人に従属し、他人の目的のために労働することである。したがって、経済的に独立性がないことと同義であり、雇われる人は自分の生産道具を使って労務に従事することもなければ、指揮的、計画的、創作的な手法で自分が従事する労務に影響を加えることもできない」[62]。

具体的に従属性の基準によって労働者性を認定しようとする場合、人的従属性と経済的従属性を満たすことを基準にしなければならない。そのうち、人的従属性が主な判断基準であり、経済的従属性は補助的な判断基準である。このような主張は、中国の労働立法において既に受け入れている。例えば、旧労働・社会保障部が2005年に労働関

---

[61] 黄越欽『労働法新論』中国政法大学出版社 2003 年版 94 頁。
[62] 黄越欽『労働法新論』中国政法大学出版社 2003 年版 95 頁。

係認定通知を公表したが、労働関係を判定する要件に関して、従属性の関連理論が採用された。現在、労働関係関連の法規制は、全体的に「単一調整」の形をとっており、全ての労働者と用人単位に対して、その種類と性質に関係なく、「一律に適用し、平等に取り扱う」形で対応している。すなわち、中国の現行の労働関係認定基準において、特定の就労者集団が労働法上の労働者かどうかをまず認定し、労働者として認められる場合、労働法の保護対象になり、労働法上の全ての規制が適用される。一方、労働者ではないと認定された場合、労働法の保護は及ばず、労働法上の全ての規制が適用されない。現行の労働法規制の下で、中国労働契約法がパートタイム労働者を対象に特別な規制を設けたこと以外、特定の労働者や用人単位を対象とする特別規定はほぼ存在しない。すなわち、全ての労働者と用人単位には、同じ労働法上の規制が適用される。労働関係の多様化、複雑化、法律調整の精緻化が進むにつれ、中国における現在の統一的な労働関係調整方式は、もはや実務上の需要を満たすことができなくなった[63]。

4．労働関係と関連概念の区別

実務上、労働関係と労務関係、雇用関係等の法律関係は、あまり区別されることなく使われる。労働関係が雇用関係と同一概念であるという説もあれば、雇用関係が労働関係を内包する概念であるという説もあり、労働法によって調整できない関係が、全て労務関係に当たるという説もある。これらの概念の混同は、労働法規制の適用と紛争処理手続に重大な影響を及ぼしてしまう。その原因として、①雇用関係、労務関係が現行の民法上明確に規定されていないこと、②これらの概念に対する理解が統一されていないこと、③「労働法上規定されていない以上、民法の規定であろう」という法律適用の単純化思想があることが挙げられる。広い意味で言う「労務関係」とは、人が直接的に労働の形で他人の何らかの需要を満たす際に形成する相互関係である。これを生産性労務関係と、生活性労務関係に分けることができる。生産性労務関係とは、直接、生産・再生産過程と関係するサービスを提供する際に形成した関係である。生活性労務関係とは、人々の消費需要を満たすためにサービスを提供し、その際に形成した関係である。法的属性でいうと、労務関係は民事法上の関係として、平等な民事主体の間に形成され、労務給付をその内容とする。民法の理解によると、労務関係には、委託関係、請負関係、雇用関係等の形式の異なる内容が含まれる。

(1) 労働関係と委任、請負関係の区別

中国契約法第251条第1項の規定によると、請負契約とは、請負人が発注者の要求に従い業務を完遂し、労務成果を交付し、発注者が報酬を給付する契約関係である。委託

---

[63] 謝増毅「中国労働関係法律調整方式の転換」『中国社会科学』2017年第2期。

関係とは、受託人が委託人のために委託事務を処理し、委託人が約定した報酬を支払い、または報酬を支払わない契約関係である。

労働関係と請負関係、委託関係は以下の点において区別される。

① 法律関係の性質が異なる。労働関係は平等性、財産性のほか、人身性、隷属性を備える。一方、委託関係、請負関係は主に平等性、財産性をその特性とする。

② 労務の使用から見ると、労働関係は主に労務に対する継続的な使用によって特徴づけられるが、請負関係と委託関係は一回のみの労務使用になる。

③ 労務の報酬から見ると、労働関係では主に賃金報酬の形を取り、賃金関係の法的規制によって規制される。請負関係、委託関係では労務の「対価」として、双方当事者によって自由に決められる。

④ 労働力の支配権から見ると、労働関係において、労働力の支配権は用人単位にあり、労働者は労務給付の間、用人単位の指示命令に従わなければならない。「委託関係にも指示を出す場合があるが、その指示は参考としての意味しか持たず、原則として、受託人は独立して委託人の利益のために「思考しながら服従する」必要がある。請負関係においても、指示の意味が異なり、指示が責任の帰趨を決める中核になる場合もある。しかし、労働契約において、命令指示関係は既に規範形式に発展した。その内容は広範に及び、企業の管理規定、労働力の分配、職場の関連規則、労働時間、就労場所、就労形式・手続…がすべて含まれている[64]」。

⑤ 労務の内容から見ると、労働関係は労働過程と関係し、労働関係の存続状態を重要視する。請負関係は労働の成果を重要視し、結果と密接に関連する。委託関係は労働の過程を重要視する。

⑥ リスク負担から見ると、労働関係においては、用人単位がリスクを負担することになる。請負関係の場合、請負人自身がリスクを負担するのが一般的である。「最高人民法院人身損害賠償事件審理適用法律に関するいくつかの問題の解釈」第10条によると、請負人が業務遂行過程において第三者に損害を及ぼし、または請負人自身に損害を及ぼした場合、発注者は賠償責任を負わない。しかし、発注者が発注、指示又は選任に関して過失がある場合、相応の賠償責任を負う必要がある。委託関係は通常、受託人自身が責任を負担することになる。

(2) 労働関係と雇用関係の区別

雇用関係という概念は、史的展開からみると、民法上の概念である。しかし、中国契約法の中に、雇用契約に関する規定が置かれていないため、契約法の関連研究において、雇用契約に関するものが限られている。外国の関連法律を考察すると、雇用関係の意味と労働関係との関係に対する理解は、大別して包摂関係、代替関係、並行関係の3種類

---

[64] 黄越欽『労働法新論』中国政法大学出版社2003年版94頁。

に分けられる。
ア　労働関係と雇用関係の区別

　労働関係と雇用関係それぞれの適用範囲に関して、中国は明確にそれを区分する方法を取っている。すべての労働関係は、労働法によって調整される。例えば、「中国労働法」第1条は、本法律が「労働関係を調整する」ことを明確に規定した。一方、雇用関係に関して、立法者は長い間曖昧な態度をとっている。1986年に「中国民法総則」が制定され、1999年に「中国契約法」が制定されたが、これらの法律の中に、雇用契約に対する明確な規定は存在しない。1999年に中国契約法を立法する際、雇用契約に対して専門の規制を設けるかどうかに関して、大議論がなされた。中国契約法はその草案において、雇用契約を規制する章はあったが、後にそれが削除された。削除された理由は以下のようになる。①契約法は財産関係と商品取引行為を規制する法律であり、人的関係を規制するべきではない。雇用契約は人的関係と労働権に関わっている。②労働法はすでに独立した法律分野になっており、労働関係に関する内容は、労働法によって調整されるべきである。そして、諸外国の民法典の中における、労働関係に関する内容は既に、労働法の関連規制によって代替された。③現行の労働法の規制範囲が狭く、家事代行等をその対象にしていないが、それは労働法を整備することによって解決すべき問題である。関連部門が中国労働契約法を起草しているが、雇用契約の内容は中国労働契約法によって規制されるべきである。④意識形態でいうと、「雇用」は欧米でよく使われる概念であり、中国が今まで「労働」という概念を使い、労働者が国の主人公という考え方を確立させた。そのため、「雇用」の概念を使用すべきではない。結局、中国契約法の中に、雇用契約の内容が明確に規定されなかったため、これを無名契約として法律を適用するしかない[65]。

　近年、中国最高人民法院はその司法解釈の中に、「雇用」の範囲を規定することにした。例えば、「最高人民法院の人身損害賠償事件審理の際の適用法律に関する若干の問題の解釈」第9条によると、「「雇用活動に従事する」とは、雇主が権限を授かり、または雇主が指示した範囲内の生産経営活動または他の労務活動に従事することである。被雇用者の行為が授けられた権限の範囲を超えたが、職務を履行する形を取り、もしくは職務の履行と内在的につながっている場合、「雇用活動への従事」と認定されるべきである」。また、中国最高人民法院の「民事事件訴因規定」の中において、労務（雇用）契約に関する紛争は、契約紛争の一種として、民事事件の訴因に分類される。

　中国労働法第2条によると、「用人単位とそれと労働関係を形成する労働者に、本法律が適用される」。中国労働契約法第2条によると、「用人単位と労働者が労働関係を成立させ、労働契約を締結、履行、変更、解除又は終了する場合、本法律を適用する」。すな

---

[65] 林嘉『労働法の原理、体系と問題』法律出版社 83 頁。

わち、労働者と用人単位の間に労働者利用関係が成立した場合、労働法規制が適用される。実務上、一部の法律関係には労働関係の従属性、継続性、職業性等の特徴を備えるが、主体が資格を有しないため、直接、雇用関係又は労務関係として処理されてしまう。例えば、年金受給者を採用して、紛争になった場合、裁判所はそれを労務関係として処理すべきである。

　法的性質から見ると、両者の区別は主に以下のようになる。

　第一に、報酬の性質が異なる。労働関係の中の賃金は、用人単位が法律と労働契約にしたがって労働者に支給する報酬であり、継続的給付としての特性を有する。雇用関係の報酬金額は、当事者双方が自由に協議し、労働力の需給関係によって決められる。これをまとめて支払うこともできれば、継続的に支払うこともできる。

　第二に、就労に伴うリスク負担が異なる。労働関係において、用人単位が就労に関するリスクを負担し、労災事故が発生した場合、社会保険によって用人単位のリスクを分散する。一方、雇用関係において、雇主が雇主責任を負い、権利侵害責任法によって、労災リスクのある被雇用者を保護する。中国権利侵害責任法第34、35条はそれぞれ、用人者の責任、及び労務を提供することによって損害をもたらす責任、自身が損害を被る責任について規定をした。第34条によると、「用人単位の労務提供者が労務を執行することによって他人に損害をもたらす場合、用人単位が権利侵害責任を負う。労働者派遣期間中に、派遣労働者が労務を執行することによって他人に損害をもたらす場合、受け入れ先の用人単位が権利侵害責任を負う。派遣元に過失がある場合、それに応じて補充責任を負う」。第35条によると、「個人の間に労務関係を形成し、労務提供側が労務によって他人に損害をもたらす場合、労務を受け入れる側が権利侵害責任を負う。労務提供側が労務によって自身に損害をもたらす場合、双方各自の過失によって相応の責任を負う」。

　第三に、権利と義務に関する規定が異なる。労働関係は労働法の強行規定に制限され、労働基準に関する規定を守らなければならない。それに対して、雇用関係は主に民法の意思自治、契約自由原則に任され、雇主責任を除く当事者の権利義務内容は主に契約によって約定される。

　第四に、紛争の解決手段が異なる。労働関係の紛争は労働仲裁を経なければ、裁判所に起訴することはできない。一方、雇用関係の紛争は普通の民事訴訟手続に従い、直接裁判所に民事訴訟を提起し、二審制の下で処理される。

イ　労働関係と雇用関係に関する学説上の議論

　雇用関係と労働関係の法規制に関して、学説上異なる見解がある。すなわち、

① 統一規制説、すなわち雇用関係を労働関係の一種として統一的に規制すること[66]。
② 分別規制説、すなわち雇用関係と労働関係を区別して、それぞれの法律によって規制

---

[66] 王飛「労務関係も労働法によって調整されるべきである」『法学』1998年第1期。

すること[67]。

中国における現在の法的枠組みの下で、これらの規制の仕方を実現するには、どちらも困難を伴う。統一規制説は現行規制から離れた簡素化した観点である。雇用関係は民法上の概念であり、市民社会に出現・発展し、労使双方の不平等性、対立性はそこまで顕著に現れておらず、法律関係自体も比較的単純である。これに対して、労働関係は雇用関係から独立したものであり、現代の市場経済を背景に生まれ、より独特な性質をもっている。例えば、明確な労働者保護、契約自由に対するより厳しい制限、より厳格な使用者責任等がその特徴として挙げられる。雇用関係を労働関係と同一視し、労働法の規制対象にすると、労働法の複雑な規制が雇用関係に適用できない一方、雇用関係の特性も見えなくなってしまう。法規制の細分化を図るためにも、立法者は労働関係と雇用関係を区別して規制する必要がある。労働法はあくまで特別法であり、普通の民事法律関係に属する雇用関係全体を包括的に規制することは困難である。また、分別規制説にも限界がある。労働関係に属しない雇用関係を全部民法で規制しようとすると、中国民法に雇用関係を対象とする専門規制が設けられていないため、応急処置として分別規制説を採用することには一定の意味がある。しかし、これを長期的な制度にすると、雇用関係における被雇用者に十分な法的保護が及ばない可能性がある。

第一に、このような処理は、人為的に統一した労働市場と統一した取引規則を二分してしまう。

中国には、雇用市場と労働市場が同時に存在しているわけではなく、労働市場しか存在していない。この労働市場において、労働力という商品が労働者（被雇用者）と用人単位（雇主）の取引対象になる。この統一した市場を二分化すると、間違った認識をもたらし、労働力市場の運営と管理監督上の混乱をもたらすことになる。

第二に、このような処理は、立法上無駄な労力を費やし、法律適用に混乱をもたらす。

雇用と労働関係は本質的に一致しているため、これを民法と労働法の中に区別して規制しようとすると、類似する条項が多数できてしまい、立法資源を浪費することになる。そして、当事者が戸惑い、訴訟コストが上昇してしまい、司法機構も法適用に関して混乱する可能性がある。

第三に、このような処理は、現代法の弱者保護の思想に合致しない。

民法は典型的な私法として、私法に共通する特性が体現されている。これに対して、労働法は社会法の重要な部分であり、社会の公平を実現し、社会の安全を維持する法的機能を発揮する[68]。

中国労働法は労働関係の規制に関して、体系性と包摂性に欠け、中国民法の中にも、

---

[67] 周宝妹『労働法要論』群衆出版社 2006年版 16頁。
[68] 許建宇「雇用関係の位置づけとその法律調整方式」『浙江大学学報（人文社会科学版）』2002年第3期。

雇用関係に関する規定が存在しない。適用の場面においても、どちらかの法律を選択して適用するという簡単な判断手法が使われる。労働関係に該当する場合、労働法の規制を受け、労働関係に該当しない場合、民法の規制を受けることになる。中国労働法と中国労働契約法は、用人単位の種類を列挙することによってその適用範囲を確定している。最高人民法院による労働紛争関連の司法解釈も、家庭や個人と家事代行の間の紛争、一人親方と手伝人・学徒の間の紛争、農村の請負経営者と彼が雇った人の間の紛争[69]、定年再雇用者に関する紛争等を労働紛争処理対象外とした[70]。立法と司法実務の労働関係に対する判断は、硬直化した二者択一の手法を採っており、一部の「特殊性のある」労働関係（すなわち、労務給付過程には労働関係としての性質があるが、労務提供者が労働者としての資格を持たない労務関係）が労働法規制範囲から排除され、民法の一般規定を無理矢理適用させるという結果になる。中国民法には雇用関係を規制する条文が存在しないため、これらの法律関係には一般的な民法原則しか適用されず、被雇用者への保護は極めて不十分と言えよう。

第3節　労働関係の成立と労働契約書

労働関係の認定は用人単位と労働者の間に法律上の権利義務が存在するかどうかに関する重要な判断であり、労働法適用の出発点である。実務上、誰がどのように労務に従事するか、用人単位との間にいつから労働関係が成立するか、これらの点に関してしばしば問題になる。

中国労働契約法第7条によると、「用人単位が労働者を利用する日から、労働者と労働関係を成立させる」。しかし、法律によって労働者が定義されることはなく、「労働契約法（意見募集稿）」において、「本法律にいう労働関係とは、用人単位が労働者を採用してその一員とし、労働者が用人単位の管理の下で有償の労務を提供することによって生ずる権利義務関係である」としたことがある。立法趣旨から見ると、中国労働契約法に規

---

[69] 「労働争議事件審理の法律適用に関する若干問題の解釈(2)」（法釈［2006］6号）第7条
　以下の紛争は労働争議に当たらない。
① 労働者が社会保険機構に社会保険金支払い請求をすることに関する紛争
② 労働者と用人単位間の住宅制度改革によって生じた公有住宅所有権移転紛争。
③ 労働者による労働能力鑑定委員会の障害等級鑑定結論または職業病診断鑑定委員会の職業病診断鑑定結論に対する異議紛争。
④ 家庭または個人と家事代行の間の紛争。
⑤ 一人親方とその手伝人、学徒の間の紛争。
⑥ 農村請負経営者と雇われる者の間の紛争。
[70] 「労働争議事件審理の法律適用に関する若干問題の解釈(3)」（法釈［2010］12号）第7条
　用人単位と用人単位が採用した既に合法的に年金保険待遇を享受し、または年金を受領する者が、その使用に関して争議し、裁判所に訴訟を提起した場合、裁判所はそれを労務関係として処理すべきである。
第8条
　企業が賃金支払を中止し、労働関係を保留する者、法定定年退職年齢に達していない内部退職者、リストラされ、ポスト待ちの者、並びに企業が経営上の理由により生産活動を停止し、長期休暇に入った者が、新たな用人単位とその使用に関して争議し、裁判所に訴訟を提起した場合、裁判所はそれを労働関係として処理すべきである。

定される労働関係は労働法律関係を指すものであり、労働関係が一旦成立すると、労働者と用人単位の間に権利義務関係が発生する。

中国労働契約法第 7 条の規定は、「事実労働関係」問題を解決する際に特殊な意義を持っている。中国労働契約法が実施される以前、多くの用人単位が労働者と書面で労働契約を締結することなく、実際に中国労働法に規定される労働権利義務を履行し、労働関係を形成させていた。このような現象が、学説と実務において「事実労働関係」と呼称される。事実労働関係の場合、書面での労働契約締結という形式要件を満たさないため、実務上その効力に対する議論があった。一部の仲裁機構または裁判所が、書面で労働契約が締結されていない労働紛争事件に関して、それを受理しないか、無効と認定する場合もあり、労働者の権利・利益が適切に保護されることはなかった。このような理解上の問題を正すために、法律を解釈する際、一般的に事実労働関係は、契約締結の形式と手続が法定の形式要件を満たさないものであるが、その法的効力に影響しないとした。例えば、労働部が 1995 年 8 月 4 日に公表した「中華人民共和国労働法の執行を確保する若干問題に対する意見」第 2 条によると、「中国国内の企業、個体経済組織と労働者の間に、労働関係を形成する場合、すなわち労働者が事実上企業、個体経済組織の構成員となり、それに有償労働を提供する場合、本法律を適用する[71]」。本規定によると、労働関係が双方当事者間に事実上形成されている以上、中国労働法の保護を受ける。すなわち、双方当事者の労働関係が合法的に成立する。また、「最高人民法院による労働紛争事件審理適用法律の若干問題に対する解釈」（法釈［2001］14 号）第 1 条によると、「労働者と用人単位の間に以下のような紛争が生じ、中国労働法第 2 条に規定される労働紛争に属し、当事者が労働紛争仲裁委員会の出した裁決を不服として、法律によって裁判所に起訴する場合、裁判所はこれを受理すべきである…（2）労働者と用人単位の間に書面での労働契約が締結されなかったが、既に労働関係を形成した後に発生する紛争…」。そこで、中国労働契約法第 7 条の規定は、前述した部門規制と私法解釈をもとに、事実労働関係を規制するために規定されたものである。

しかし、同条の規定は労働者を利用する「行為」を強調しすぎており、当事者間の「合意」を考慮しなかった。前述した分析によると、同条にいう「労働関係」とは労働法律関係であり、すなわち当事者間に成立した権利義務関係である。労働関係はまず私的関係であり、労働基準法等の労働強行法規の規制によって、社会法としての性質を持つようになったが、労働関係の成立は、依然として当事者間の合意に基づくべきである。中国

---

[71] その他、「中華人民共和国労働法の施行に関する若干問題の意見」第 17 条によると、「用人単位と労働者の間に事実労働関係が形成され、用人単位が故意に時間を延ばし、労働契約を締結しない場合、労働行政部門がこれを是正する必要がある。用人単位がこれによって労働者に損害をもたらした場合、労働部「労働法の労働契約関連規定に違反する場合の弁償弁法」（労部発［1995］223 号）の規定によって賠償すべきである」。第 82 条の規定によると、「用人単位と労働者が労働争議を起こした場合、事実労働関係が存在し、労働法の適用範囲と「中華人民共和国企業労働争議処理条例」の受理範囲に入る限り、労働争議仲裁委員会はこれを受理すべきである」。

労働契約法第7条の規定によると、用人単位の使用行為が存在すると、労働関係を確立することができ、結果として労働関係が拡大解釈される。すなわち、請負、名義貸し、アウトソーシング、臨時就労等はすべて「使用行為」の存在によって、用人単位の本来の意図に反し、労働関係に認定される可能性がある。第7条の規定が行為を強調しすぎており、当事者間の合意を無視したため、労働関係の成立を認定する際、労働契約が考慮されなくなった。そして、中国労働契約法第10条第3項の規定によると、「用人単位と労働者が就労開始前に労働契約を締結した場合、労働関係は就労開始日に成立する」。同条はもう一度労働関係の成立に関して、労働契約が考慮されないことを証明した。法律条文規定から見ると、労働契約の締結は労働関係が成立したことを証明できるが、労働契約を締結したことによって、直接的に当事者間に何らかの権利義務関係が発生するとは言えない。

　契約の性質から見ると、労働契約は一種の諾成契約であり、署名押印すると、法的効力が発生する。すなわち、労働契約が締結されると、当事者間に権利義務関係が発生する。1994年中国労働法第16条によると、「労働契約は労働者と用人単位が労働関係を確立し、双方の権利と義務を明確にするための合意である」。中国労働契約法第10条によると、「労働関係を成立させるには、書面での労働契約を締結すべきである。既に労働関係を成立させ、同時に書面で労働契約を締結しなかった場合、就労開始日から1ヶ月以内に書面で労働契約を締結すべきである。用人単位と労働者が就労開始前に労働契約を締結した場合、労働関係は就労開始日から成立する」。この規定は、書面での労働契約の締結と労働関係の成立を分離させた。その結果、労働契約の締結が労働関係成立の証明要件に当たるが、法的効力を発生させる法的行為ではないとされた。そのため、実務上以下の状況が現れる。

① 先に使用行為によって労働関係を成立させ、後に書面での労働契約を締結する。
② 先に書面での労働契約を締結し、後に労働契約を履行することによって、実際の使用行為が発生し、労働関係が成立する。
③ 先に労働契約を締結し、後に労働契約の履行を拒否することによって労働関係を成立させない。

　①の場合、直接、中国労働契約法の規定によって処理できる。②の場合、労働契約を締結した後、労働関係がまだ成立せず、労働関係は就労開始日に成立する。契約の履行期日を明確に約定しない限り、契約法の基本原則に基づき、双方当事者がいつでも履行を要求できるが、相手方には必要な準備時間を与えなければならない。③の場合、先に労働契約を締結し、後に当事者の一方が履行を拒否した場合、どのような法律効果があるかに関して、まだ結論が出されていない。例えば、労働契約を締結した後、労働者がはじめての出勤途中に交通事故に遭って怪我をした場合、労災補償を申請できるかどうか。現行法の規定によると、労働契約を締結した後、労働者が就労を始めていない場合、労

働関係がまだ成立していない。この場合、用人単位は一般的な契約違反責任しか負わず、はじめての出勤途中に発生した交通事故による損害も、労災として認定されるのが困難である。このような裁判結果は、明らかに労働者にとって不利である。

したがって、中国労働契約法第7条と第10条の規定を見ると、事実労働関係の問題は解決されたが、その論理構成を具体的に見ると、まだ不合理なところが残されている。労働関係の成立に関しては、労働契約の締結と同時に労働関係が成立するという原則に戻る方が良い。すなわち、「労働契約は双方当事者が署名押印する時点で効力を発生する。別途特別な約定がなされていない限り、労働関係は双方当事者が書面で労働契約を締結した時点で成立する。書面で労働契約を締結しない場合、労働関係は就労開始時に成立する」。

第4節　シェアリング・エコノミーの下での労働関係認定

シェアリング・エコノミーとは、インターネット等の現代情報技術を利用し、使用権をシェアリングすることを主な特徴とし、大量の分散した資源を統合し、多様な需要を満たす経済活動の集合である[72]。インターネットやスマートフォンの普及、情報技術の発展等により、中国のシェアリング・エコノミーは急速な発展を遂げ、多くのネットプラットフォーム企業を生み出した。これらの企業は情報技術を駆使し、交通移動、民宿、技能の提供、生活関連サービス、医療サービス、金融サービス等の業界を統合し、シェアリング・エコノミー参加者の供給情報を相手方に提供し、需要と供給のスピーディなマッチングを実現している。

シェアリング・エコノミーは、伝統的な労働市場と就労形態に大きな影響を及ぼしている。一方、その雇用創出効果と労働市場の需給マッチング効果が極めて大きく、とりわけ過剰な労働力の再就職問題を解決する際、シェアリング・エコノミーは重要な役割を演じている。統計によると、2017年中国のシェアリング・エコノミー関連企業の就労者数は約716万人であり、2016年より131万人増え、2017年に新たに就労した都市部就労者総数の9.7％を占める。すなわち、100人の新たに就労した都市部就労者のうち、約10人がシェアリング・エコノミー関連企業に新規採用された[73]。一方、シェアリング・エコノミーの下で、伝統的な労使関係が変貌し、社会制度全体が作り変えられ、「企業+従業員」の就労形態が「プラットフォーム+個人」に変えられた。伝統的な就労形態と比べると、プラットフォーム就労者はその労働時間と就労場所を、ある程度自由に決められる。全体的に見ると、シェアリング・エコノミー関連の就労形態が、就労者に本職以外の

---

[72] 国家情報センター・シェアリング・エコノミー研究センター、中国インターネット協会・シェアリング・エコノミー業務委員会「中国シェアリング・エコノミー発展年度報告2018」。
[73] 国家情報センター・シェアリング・エコノミー研究センター、中国インターネット協会・シェアリング・エコノミー業務委員会「中国シェアリング・エコノミー発展年度報告2018」。

収入源を作り出す役割を果たし、兼職とフルタイム就労が同時に存在する、柔軟性のある就労形態として認識されている。滴滴を例に挙げると、2016 年 6 月から 2017 年 6 月までの間、滴滴プラットフォームから収入を得た運転手の人数は2108万人に達しており、2016 年全国サービス業従事者総数の 6.2％に相当する。滴滴プラットフォームは毎日直接 264 万人の運転手に対し、一人あたり 170 元を超える収入を提供している。とりわけ専ら滴滴運転手として就労している者にとって、滴滴プラットフォームから得られる収入は、その家庭総収入の 77.1％を占めている。また、労働時間から見ると、毎日の労働時間が 2 時間以内の運転手が最も多く、50.7％の割合を占めている。そして、その就労時間帯は比較的広く分布しており、ネット配車運転手は自身の都合によって、柔軟に労働時間を決めることができる。職種から見ると、ネット配車運転手の中に、会社員、自由職業者、独立自営業者等があり、様々な業界の人がネット配車サービスに従事している[74]。

2016 年 7 月、交通部がネット配車管理弁法を公表した。ネット配車プラットフォーム企業は、サービスを提供する運転手に合法的な就業資格があることを保証し、関連法規の規定により、就労時間、サービス提供頻度等に鑑みて、運転手と多種多様な契約を締結し、双方当事者の権利・義務を明確にしなければならない。したがって、労働契約だけではなく、民事契約を締結することも可能である。多くのプラットフォーム就労を主な収入源とする者にとって、プラットフォーム就労を労働関係ではなく、労務関係として認定されると、その労働時間、休暇、労働安全、社会保障等に関する権利を充分に保護することは困難になる。それに対して、彼らを労働法の適用対象にすると、人件費が高くなり、シェアリング・エコノミーのさらなる発展に悪影響を及ぼすことが懸念される。したがって、この新たな就労形態に対して、法理論の整理と立法レベルでの対応が必要になる。

1. シェアリング・エコノミーによる労働関係への影響

(1) 労働関係当事者の多様化

伝統的な就労形態においては、労働関係の主体は労働者と用人単位であり、労働者は一定期間内に、通常 1 つの用人単位としか安定した労働関係を築かない。労働者が提供する労働力は用人単位に所有され、用人単位が労働契約上、約定した期間内において、労働力の支配者と管理者になる。労働者派遣の場合、派遣会社が新たに当事者として追加されるが、労働者派遣法は既に 3 者間の法律関係を明確に規定し、当事者間の権利、義務の具体的な内容を明らかにした。これに対して、シェアリング・エコノミーの時代

---

[74] 滴滴政策研究院「2017 年滴滴出行プラットフォーム就労研究報告」。

に入ると、就労に関わる当事者として、プラットフォーム企業、プラットフォーム経営者（当該経営者が企業である場合もあれば、個人である場合もある）[75]、プラットフォーム企業の従業員、プラットフォーム経営者の従業員、プラットフォーム就労者、サービス受領者等の主体が参加者になる。プラットフォームのすべての労務提供者はインターネットやプラットフォーム専用のアプリ等を通じて、複数の就労機会を同時に獲得し、複数のプラットフォームに労務を提供することができる。ネット配車サービスを例に挙げよう。ネット配車運転手は同時に複数のネット配車プラットフォームに労務を提供することもできれば、複数のプラットフォームから監督・管理を受けることもできる。そして、複数のプラットフォームから労務報酬を獲得することもできれば、複数のネットプラットフォームと労働関係を成立させることさえ可能である。労働者と用人単位が一対一、一対多、または多対多の関係になりうる。一部のネット配車運転手はアプリ運営者の募集を見て応募したが、実際に運転手と労働契約を締結するのは、派遣会社になる。それに対し、アプリ運営者は運転手の業務に対し、具体的な指揮、監督と日常管理をし、第三者である支払いプラットフォームに運転手への報酬支払いを委託する。したがって、単純な二者間関係の典型労働関係における当事者間の権利・義務は分解され、普通の労働者派遣よりも複雑になっている[76]。労働関係の具体的な中身は、労働者と用人単位としての身分に対する認定と、その範囲の特定を前提とするが[77]、中国は現在、まだ労働関係と労働者の定義を法律で明らかにしていない。その上に、就労主体の多様化によって、中国の用人単位と労働者範囲の特定は大きな挑戦に直面することになる。

(2) 労働関係の柔軟化

ア　労働契約の締結の柔軟化

　中国労働法第36条、中国労働契約法第10条によって、明確に労働関係の要式性が規定され、すなわち書面で労働契約を締結する必要があるとされた。一方、中国労働法第7条は事実労働関係の存在を認めた。そこで、その立法目的は、書面での労働契約の締結を強制することで、労働者の合法的な権利と利益を守ることにあると思われる。中国労働契約法第17条によると、就労場所の指定は労働契約の必須事項になっている。しかし、シェアリング・エコノミーの発展によって、就労者とプラットフォーム企業が契約を締結する際、実際に対面する必要がなく、アプリをダウンロードし、ネットプラットフォ

---

[75] 中国電子ビジネス法第9条
　電子ビジネスプラットフォーム経営者とは、電子ビジネスにおいて、貿易の双方または他方当事者にネット上の経営場所、貿易仲介、情報公表等のサービスを提供し、貿易の双方または他方当事者が独立に貿易活動を展開できるようにする法人又は非法人組織である。
　ネット配車業でいうと、「ネット予約タクシー運営サービス管理暫行弁法」第2条が以下のような規定を設けた。「ネット配車プラットフォーム企業とは、ネットサービスを構築するプラットフォームであり、ネット配車サービスを経営する企業法人である」。ネット配車プラットフォーム経営者はプラットフォームである可能性もあれば、第三者の企業または他の個人である可能性がある。ネット配車業界のほか、配達、出前業界にもプラットフォーム企業とプラットフォーム経営者が同一主体ではない場合がある。
[76] 張素鳳「「専車」運営中の非典型就労問題とその規範」『華東政法学報』2016年第6期。
[77] 謝増毅「労働関係の中身と従業員や雇主の身分認定」『比較法研究』2009年第6期。

ームに指定された手順で操作し、定款の内容に同意し、身分証明書をアップロードすれば、登録手続きは完了し、就労者は当該プラットフォーム企業の労務提供者になる。

イ　労務提供の柔軟化

　伝統的な労働関係においては、用人単位が生産手段を提供し、労働者は単に用人単位にその労働力を提供し、労働時間と就労場所は用人単位の関連規定に拘束され、労働者には就労形態を選ぶ機会はほぼなかった。一方、シェアリング・エコノミーの下で、兼業、アルバイトが急速な発展を遂げ、労働者は労務を提供するかどうか、いつ労務を提供するかを自由に選ぶことができる。例えば、一部のネット配車運転手の週平均労働時間は19.9時間に過ぎなかった[78]。また、就労者が自身で生産手段を用意し、労務給付に参加できるようになっている。例えば、一部のネット配車運転手は自家用車を使って労務を提供し、報酬を得ている。

(3)　労働関係認定の複雑化

　シェアリング・エコノミーの発展により、就労形態に大きな変化が生じ、労働関係の認定が複雑化、多重化し、ネットプラットフォーム就労者の労働者性に関する事件が急増した。北京市朝陽区人民法院の統計によると、2015年1月から2016年8月までの間、140件のインターネットに関係する労働紛争を受理した。そのうち、代表的な事件が118件あり、紛争の焦点は、双方当事者間に労働関係があるかどうかという点にある。現在、中国の労働関係認定は従属性を重要視している。したがって、ネットプラットフォーム企業と就労者の間の人的従属性、経済的従属性が議論の焦点になる。就労関係の多様化はすなわち「選択できる」、「より自由になる」ことを意味し、従属性は弱くなる傾向にあると主張する説がある。一方、就労者は用人単位に指定された就労場所、労働時間、就労形態とノルマに拘束される必要がなく、自身の状況によって柔軟に、合理的にその労務給付をアレンジすることができる。就労者は一部の生産要素の支配権を有するため、支配され、管理される度合いも弱められた。また、新たな就労関係において、就労者が再就職するまでの時間的間隔が短縮化され、仕事を得るハードルが下げられ、これが客観的に就労者の従属性を弱くした。しかし、実際に運転手がオーダーの受注を拒否し、選択的に受注し、もしくはオーダー通りにサービスを提供しない場合、相応の懲罰を受けることになる。すなわち、運転手に配られるオーダー数は減り、最終的には当該運転手がオーダーをもらえなくなる。就労機会を減らすことは、伝統的な労働関係におけるボーナスの減額、減給等の懲罰措置と同じ機能を持つ。そして、就労機会を剥奪することは、伝統的な労働関係における解雇と同じ機能を持つ。したがって、従属性は新たな形で新たな就労形態に存在していると言える[79]。一方、運転手が関連情報を受け取った後、それ

---

[78] 王文珍、李文静「プラットフォーム・エコノミーの発展による中国労働関係への影響」中国労働2017年第1期。
[79] 魏益華、譚建萍「シェアリング・エコノミーの中での新型就労関係のリスク予防」『社会科学戦線』2018年第2期。

を引き受けるかどうかを決める権利があり、かつ運転手にはアプリをいつ開くかを決める権利がある。すなわち、運転手が労務を提供するかどうか、いつどこで労務を提供するかに関してこれを自由に決める権利がある。個々の運転手に対して、プラットフォームが労務提供の時間、場所、対象を指定することができず、特定内容の労務を給付するように強要することもできない。これらのことを理由に、ネットプラットフォーム企業から運転手に情報を送る行為が指揮命令に当たらないと解する説もある[80]。労働者の労働力と他人の生産手段を結びつけることを特徴とする労働関係と比べると、ネット就労者とプラットフォーム企業の関係には以下の特性がある。

　第一に、組織的従属性が部分的に存在する。すなわち、就労者はプラットフォーム企業の組織の一部になっていないが、プラットフォーム企業の管理規定を遵守し、一定程度の管理監督を受ける必要がある。

　第二に、経済的従属性がある。すなわち、ネット就労者の労務提供とその対価となる報酬は、ネットプラットフォーム企業の経営に依存している。

　第三に、労務継続性がある。すなわち、就労関係は一回のみではなく、臨時的なものでもなく、数ヶ月、数年間と継続的なものである。

　第四に、プラットフォーム企業が就労者の労働から利益を得る。これらの特徴または要件を満たしているかどうかは、労働関係の認定に対して重要な意味を持っている。しかし、実務上、具体的な事案には複雑性があり、判断するのが困難である[81]。

2．シェアリング・エコノミーの下での労働関係の法的対応

(1) 中国労働法規制の調整

　中国の場合、改革開放以降、とりわけ市場経済体制が確立されてから、労働法規制が急速な発展を遂げてきた。中国の労働法規制が高速で発展を遂げたと同時に、先進国は労働法分野における規制緩和を実施した。そこで、中国の労働法規制の発展には、内部と外部からの圧力が同時にかかっている。そのうち、内部からの圧力は中国の経済体制改革の実施と、計画経済から市場経済体制への移行によってもたらされるものである。当事者が経済的に不平等な立場にある労働関係分野において、労働者の交渉力を保障しないと、その権利と利益は必然的に資本家からの侵害に晒される。そのため、労働立法により、労働関係を規制する必要がある。一方、外部からの圧力はグローバル化に伴う競争によるものである。発展途上国として、中国は長い間、労働力の安さによって競争に勝とうとしている。労働基準が上昇すると、人件費が上がり、企業の競争力にも影響

---

[80] 王天玉「ネットプラットフォームに基づき労務を提供する労働関係の認定——e 運転代行に関する北京、上海、広州地方の裁判例を突破口として」法学 2016 年第 6 期。
[81] 王全興「「ネット+」背景の下での就労形式と労働関係問題の初歩的な考察」『中国労働』2017 年第 8 期。

が及ぼされてしまう。したがって、一方では労働法による規制が必要不可欠であり、一方では規制緩和への需要が常に存在している。このような情況の下で、中国労働法規制の発展は、中国の実情に即し、その発展を阻害する問題を解決する必要があり、そして経済のグローバル化の需要にも対応する必要がある。

　30年間の高速成長期を経て、現在中国の経済発展は「新常態」に入った。労働関係の分野において、労働人口が減少し、人件費が高騰し、労働集約型の製造業が大量に撤退し、または倒産するようになった。これらの社会問題に対処するためには、まず労働法の本質を把握し、労働者の権利保護を強化する必要がある。とりわけ職業安全、最低賃金、賃金支払保証、労働時間、社会保険の加入等の労働基準に関して、最低限の保護を確保し、労働者の基本的な生存権を保障し、一定の条件が満たされれば労働基準法の立法を図る。そして、労働関係の多様化、柔軟化への需要を考慮し、最低限の労働条件を確保した上で、労働法上の規制を適当に緩和する必要がある。具体的な緩和策として、非典型的な労働関係を規範化し、アウトソーシング、パートタイム労働等を立法によって規制することや、典型的な期間の定めのない労働関係について、労働安全性を確保した上で、適度に規制緩和を図ること等が挙げられる。また、社会自治を原則とする集団労働関係制度を構築し、労働関係の三者協議体制を整える必要がある。

(2)　労働者の多様化と法規制の多様化

　中国の労働法規制の発展において、「一律の待遇を図る」という規制方式は、特定の時代背景の下での産物であり、一定の正当性と合理性を有する。しかし、労働関係の多様化と従属性認定の柔軟化に伴い、労働者の多様化も見られるようになった。典型的な労働者の他、プラットフォーム就労者、管理職、定年再雇用者、実習生等の非典型的な就労者が現れ、労働には同質性がなくなり、労働力の構成と態様が多様化し、典型的な労働関係を調整対象とする単一的な労働法規制は、もはや現代の柔軟性のある就労形態に対処しきれなくなった。そこで、労働関係関連の法規制は、特定の対象者に「全部適用する」あるいは「全く適用しない」という規制方法から脱却し、異なる種類の労働者を区別して規制する必要がある。区別規制というのは、労働者の従属性の程度によって、それを分類し、労働条件、労働安全、解雇保護等の面において異なる保護を与えることである。特定の就労者に対し、労働法を部分的に適用することによって、彼らに通常労働者の一部の権利のみを享受してもらうか、彼らを対象とする特別規制を設けることが考えられる[82]。すなわち、生存権、平等権、人格の尊厳等の憲法上規定される基本権、並びに自由労働権、休息権、団体交渉権等の労働に関する基本権はすべての労働者に付与されるべきであり、その他の権利に関して、特定の就労者の特徴、その労務の内容と就労形態、用人単位の責任と負担能力、社会政策環境等を考慮して調整することができる。家

---

[82] 謝増毅「中国労働関係法律調整方式の転換」『中国社会科学』2017年第2期。

事代行、実習生等の従属性の弱い「雇用類似者」に関して、彼らの主な特徴は経済的従属性があるため、労働立法はその基本権を重点的に保障し、一般労働者と全く同等の保護を与える必要がない。そのかわりに、当事者間に労働関係の存在を認定した上で、具体的な保護内容において、区別的な処遇を図ることができる。ここでいう区別的な処遇とは、合理的、合法的な異別取扱である。また、団体交渉を促進し、企業の民主化した管理と従業員の最大限度の参加を図る必要がある。団体交渉により、労働者側は事業運営により積極的に参加するようになり、当事者自治によって力関係の均衡が保たれ、労働者の権利・利益も最大限に保護されると思われる。制度設計全体でいうと、今までの単純な統一規制から、労働基準保障と特別規制を兼ね備える規制体系に転換することで、実質的な平等に含まれる合理的な異別取扱を実現し、変化し続ける就労実態に対処する必要がある[83]。

(3) 労働関係の認定を強調せずに、労働者の権利・利益を保護する

現在、中国における労働者保護規制適用の前提は、当事者が労働者として認定されることである。民事契約を締結した労務提供者に対しては、民法上の権利侵害責任に関する保護のみが適用される。例えば、労災保険制度の場合、「労災保険条例」第18条によると、労災認定を申請する際、用人単位と労働関係（事実労働関係を含む）が存在することを証明する資料を提出しなければならない。そのため、実務上、労災保険に加入できるのは、用人単位と労働関係を成立させた労働者のみであり、労災認定を申請する前提は、労働関係の存在となる。現在、社会保険に関して、多様化した就労形態の下での労務提供者たちは、伝統的な労働関係認定基準を満たすことが難しく、社会保険加入者が少ない。とりわけプラットフォーム就労者の場合、典型労働関係の下での社会保険加入制度や、保険料納付制度に適しない場合がある。そこで、プラットフォーム就労者の意思を尊重し、社会保険、とりわけ労災保険加入に関して、彼らに一定の選択権を与える必要がある。現在の中国の年金保険、医療保険制度は、プラットフォーム就労者の随意加入を認めているが、労災保険も「労働関係の認定」という制限を打破し、加入者の資格範囲を拡大することは考えられる。そして、ネット配車運転手が労務給付の途中に労災に遭うことを予防・補償するために、プラットフォーム企業は現行法律制度に対応する運転手の職業安全と健康管理制度を整備する必要がある[84]。とりわけ中国安全生産法と職業病防止・治療法の適用範囲を拡大することで、プラットフォーム就労者の基本的な健康権、生命権等の保護を図る必要がある。

労働関係が成立するかどうかに関係なく、保護を必要とする就労者には、その人格権、生存権、労働権、健康権等の基本的な権利に対して、相応の保護措置が与えられるべき

---

[83] 王天玉「労働法分類調整形式の憲法上の根拠」『当代法学』2018年第2期。
[84] 班小輝「シェアリング・エコノミーの下での中国労働法保護対象の拡張論」『四川大学学報（哲学社会科学版）』2017年第2期。

である。労働関係の多様化、柔軟化に伴い、労働法が保護すべき対象は、労働者自身の権利と利益であり、労働関係ではない。イギリス、ドイツ等の国には、准労働者を対象とする規制がある。彼らには、解雇保護、労働安全と社会保険等、労働法が被用者を保護するために規定した保護内容が適用される。具体的な保護措置の立法過程において、すべての保護措置の対象を労働関係における労働者に限定するのではなく、保護内容の違いによって各々の適用範囲を規定する必要がある[85]。社会保険には、富の分配を調整し、社会の公平と正義を実現する機能があり、プラットフォーム就労者を社会保険加入者にすることで、社会保険のカバー率が上昇し、プラットフォーム就労者の就労リスクが下がる。調和した労使関係の構築、社会全体の安定性の実現に対しても積極的な影響がある。したがって、労働基準、社会保険に関しては、労働関係の認定基準は入口を広くし、当事者の権利・利益保護と労働関係認定の分離を実現すべきである。

(4) 労働契約と民法典の雇用契約の関係

中国の場合、労働法の制度体系と具体的な規制は、発達した雇用関係と雇用契約に対する規制を基礎とするわけではなく、最初から「労働関係」というカテゴリー内で労働法の規則を設計し、実践を重ねてきた。この点において、中国の雇用関係、労働関係とそれに関連する法規制は、典型的な大陸法系とは著しく異なっている。中国における現在の民事契約制度の中に、「雇用契約」に関する記述は存在しない。実務上、いわゆる「労働関係の認定に関する紛争」、「労働関係と労務関係の区別に関する紛争」は、実質的に例外なく労働契約と雇用契約の区別問題である。具体的な条文でいうと、中国労働契約法と中国民法上の雇用（労務）契約関連規定の選択適用問題がこれに該当する。雇用関係と労働関係の法規制に関して、学説上異なる見解がある。そのうち、雇用関係を労働関係に入れて、統一的に規制を図るべきであるという「統一規制説」がある。「労務関係（雇用関係）には、労務提供者が用人単位で労務を提供し、用人単位と従属関係にあり、用人単位から労務報酬を受け取るという労働関係の本質的な要素がある。すなわち、双方当事者には事実上、労働権利義務関係が存在する。そのため、労務関係は実質的に労働関係に属するが、完全な労働関係と比べて、一部欠陥があるため、不完全な労働関係に当たる」[86]。一方、雇用関係と労働関係を区別して、各々独立した法律によって規制すべきという「区別規制説」がある。すなわち、労働関係と雇用関係には明らかな区別があり、労働関係は労働法によって規制される法律関係であるのに対し、雇用関係は民法によって規制される法律関係である[87]。両説はともに合理性がある。しかし、前者は問題を単純化、理想化しすぎており、雇用関係を完全に労働法の規制下に置くと、現在の法規制を適用できないという結果をもたらしてしまう。後者の観点は絶対的すぎる。現在、

---

[85] 王茜「ネットプラットフォーム経済就労者の権利・利益保護問題」『雲南社会科学』2017年第4期。
[86] 王飛「労務関係も労働法によって調整されるべきである」『法学』1998年第1期。
[87] 周宝妹『労働法要論』群衆出版社2006年版16頁。

中国民法には雇用契約に関する法律規定が存在しない。そのため、雇用関係は適用すべき法律がないという情況に陥ってしまう。

　労働紛争関連の事件を処理する際、中国労働法と中国労働契約法に労働関係の定義と認定要素が規定されていないため、本来、社会関係のように客観的に存在する労働関係は、仲裁、訴訟実務上随意に認定また否定され、労働関係の認定が主観的な判断に任されることになっている。一旦労働関係に該当しないと判断されると、労働法の規制範囲から除外されることになり、労働者の保護にとっては非常に不利である。また、中国契約法の中に雇用契約に関する規定も置かれていない。雇用契約に関する紛争を審理する際、裁判所は根拠となる法律がないという情況に陥ってしまう。したがって、中国の労働関係関連規制は、民法によって雇用関係を規制することができず、労働法の契約制度も合理性を欠くという情況に直面している[88]。我々は民法の契約理念から逸脱することなく、民法上の雇用契約と労働法上の労働契約の区別を明確にする必要がある。諸外国の立法と学説を参考にし、中国の立法と実務を踏まえて、合理な解決策を打ち出す必要がある。

ア　雇用契約の存在には価値があり、規制する余地があることを認めること
（ア）　雇用関係を規制するには、雇用契約の存在を認める必要があること

　雇用契約の存在を認めることによって、民法はまとまった法体系として補完される。すべての雇用関係が労働法規制の保護範囲内に入れられるわけではないため、とりわけシェアリング・エコノミーが急速な発展を遂げた現在、柔軟な就労形態が多数現れ、雇用契約には、その調整対象となる法律関係が存在し、法律適用の余地ができた。2003年に最高人民法院が発表した「人身損害賠償事件に適用する法律に関する若干問題の解釈」第9条によると、「被用者が雇用活動に従事する際に他人に損害を及ぼした場合、雇主が賠償責任を負うべきである。被用者が故意又は重大な過失によって他人に損害を及ぼした場合、雇主と連帯賠償責任を負う。雇主が責任を持って賠償した場合、被用者に求償することができる」。そして、同解釈第11条は、「雇用活動に従事すること」に関して以下のように述べた。「被用者が雇用活動に従事する際に人身損害を被った場合、雇主が賠償責任を負うべきである。雇用関係とは関係のない第三者が被用者に人身損害を被らせた場合、求償権を有する人は、第三者に損害賠償を請求することもできれば、雇主に損害賠償を請求することもできる。雇主が責任を持って賠償した後、第三者に求償することができる」。前述した表現は、少なくとも「雇用」が司法解釈の中で認められていること、そして雇用規制に対する実務上の需要があることを証明した。民法と労働法の理念が異なり、規制方式も異なるが、民法も絶え間なく現代化、社会化を推進し、実質的な正義を追求している。雇用契約を規制することで、一部の雇用関係に対して平等と社会正

---

[88] 鄭尚元「雇用関係調整の法律区分――民法と労働法が雇用契約関係を調整する制度と理念」『中国法学』2005年第3期。

義を実現することができる。例えば、ドイツ民法典が第二編の債務関係法において雇用契約を規定したが、「雇用契約」の下で、労働関係に関する一部の規定が含まれている。したがって、ドイツ民法典の雇用契約規制の中では、一部の規制がすべての雇用関係に適用され、一部の規制が労働関係のみに適用され、一部の規制が労働関係以外の雇用関係のみに適用される。このことは、雇用契約規制自体の現代化と、雇用契約規制が労働契約規制の特殊性を考慮した上で生じた変化を現していると言えよう[89]。

（イ）雇用契約の存在は、労務契約制度の空白を埋めることができること

　雇用関係は典型的な労務関係であるが、雇用関係はしばしば、民法上の委任関係、請負関係と間違われる。例えば、企業の管理職の身分を認定する際、委任と雇用関係の区別がよく問題になる。中国契約法第251条は明確に請負関係と委託関係に関する規定を設けたが、雇用関係の関連規定を入れることで、制度上の空白をある程度埋めることができ、実務における三者の峻別をより容易にし、労務関係理論の関連内容を補完することができる。

（ウ）雇用契約規制は、労働契約理論の発展を促すことができること

　民法に蓄積された膨大な契約理論は、労働法上の労働契約制度の確立と整備に対して、基礎的な指導機能を持っている。民法としての契約法の基礎から逸脱した労働契約法制度は、理論的基礎のない法律制度である[90]。中国労働契約法の発展と整備は、中国契約法の立法理念、立法技術の中から示唆を得ることができる。

イ　労働法の独立性を維持し、統一した雇用規制と労働法の関係を構築すること

　中国民法典の中に雇用契約に関する法規範を入れることは、労働法が独立した部門法としての独立性をなくすことを意味するわけではない。2017年3月15日、第12回全国人民代表大会第5回会議において、中国民法典の民事総則部分が可決された。その第11条は、「他の法律が民事関係に特別な規制を設けた場合、それに従う」とした。ここでいう「他の法律」の中に、労働法は含まれていない。したがって、立法者は今回の民法典編纂の際に、労働法を民法体系の中に入れるつもりはなかった[91]。労働立法と民事立法が別々に行われるやり方は、今後も維持されると思われる。したがって、雇用契約と労働法との関係を処理する際、立法者の意図を汲み、各法分野の独立性を尊重した上で、雇用契約と労働法の関係を調整し、各法律が実務上充分かつ正確に適用されることを保障しなければならない。

　シェアリング・エコノミーはプラットフォーム就労者によって提供される各種のサービスによって成り立っている。中国人口構造の変化、若手労働力の減少と経済の発展により、プラットフォーム就労者が不足する情況は生じうる。「労働関係から除外してもら

---

[89] 謝増毅「民法典の編纂と雇用（労働）契約規則」『中国法学』2016年第4期。
[90] 謝鴻飛「民法典と特別民法関係の構築」『中国社会科学』2013年第2期115頁。
[91] 劉紹宇「労働契約法と民法の適用関係の法教義学分析――労働契約法の改正と民法典の編纂を背景に」『法学』2018年第3期。

う」ことによって、プラットフォーム企業の人件費が一時的に低く抑えられ、労働力を利用する際の柔軟性を保障することはできる。しかし、シェアリング・エコノミーにおいて、各企業間の競争は、単に人件費を削減することによって実現されるわけではない。シェアリング・エコノミーを発展させるには、多くの通常労働者をプラットフォーム就労者に転換させる必要がある。プラットフォーム企業が安定的、長期的な労働力供給を得ようとするには、労働力を労働法の規制下に入れ、プラットフォーム就労者の職業安定性とプラットフォームによるコントロールを保障する必要がある。そこで、労働関係を認定する際、経済的従属性があるかどうか等の事実を考慮する必要があり、民法の契約自由原則に基づく規制を常に是とすべきではない。とりわけ最低賃金、休息休暇、労働時間、労災責任等の労働基準問題に関しては、法定の最低基準を設け、他の問題に関しては、当事者自治の原則を尊重し、双方当事者に協議・合意してもらう必要がある。

第4章　シェアリング・エコノミーの下での労働関係認定

第1節　問題提起

　現在、シェアリング・エコノミーは中国の経済学、法学、社会学、経営学研究の中心となっている。新たな事象として、シェアリング・エコノミーには多くの新しい特徴があり、それを検討する価値がある。また、現在の中国社会において、ほぼ毎日シェアリング・エコノミーに関するポジティブ、またはネガティブなニュースが見られる。以下、中国で流行しているネット配車サービス（中国語では「网约車」という）を例に説明しよう。多くの中国の大都市において、ネット配車は既に大衆に頻繁に利用される移動手段として、住民の移動と自家用車過剰問題を解決する鍵となっている[92]。導入された当初、その利便性や料金の安さで大好評を得たが、近頃、それによってもたらされる安全問題が重要視されるようになった。とりわけ最近発生した何件もの殺人事件が、この産業を世論の批判の矢面に立たせている。

　2018年5月5日、鄭州警察庁によると、某航空会社の客室乗務員である李が、宿泊先のホテルからネット配車（滴滴の「便乗車」）に搭乗し、繁華街に向かう途中、ネット配車運転手に殺害された。事件発生後、運転手は車を捨て、川に飛び込んで逃亡した。同年5月12日、警察が鄭州市西部の川から死体を発見し、DNA鑑定をした結果、それが容疑者であるネット配車運転手の劉であると判明した[93]。その後、警察は被害者の父親から証拠を得て、容疑者が被害者を殺害する前、彼女にセクハラをした後、性的暴行を加えたと発表した[94]。また、警察によると、容疑者は被害者を乗車させた10分後に、自分の滴滴アカウントを削除した[95]。本事件が発生した後、ネット配車サービスを提供するプラットフォームとして、滴滴は被害者の家族と民衆に向けて公開謝罪をし、便乗車サービスを全国範囲で1週間利用停止し、サービス改善を行うことを約束した[96]。

　同年8月24日、前述した事件を契機に事業停止とサービス改善をし、便乗車業務を再開してから3ヶ月後、また一人の女性が滴滴の便乗車に乗った際に、運転手に性的暴行を加えられ、殺害された[97]。警察の公表によると、被害者は乗車後、容疑者が運転路線を

---

[92] 熊丙万「ネット便乗自動車管制に関する研究」『清華法学』2016年第2期。
[93] 「警察再通告：DNA鑑定が終了し、屍体はCAを殺害した容疑者で間違いない」
https://www.thepaper.cn/newsDetail_forward_2125796
[94] 被害者とルームメートのチャットログによると、運転手が彼女を殺害する前に、言葉によるセクハラを行った。詳細について以下の記事を参照
http://news.163.com/18/0510/23/DHFV05H00001875P.html
[95] 賈世煜、張建斌「CA被害案の詳細：容疑者が被害者を乗車させた10分後に滴滴アカウントを削除した」
https://news.sina.com.cn/c/2018-05-12/doc-ihamfahx1480680.shtml
[96] 「滴滴：便乗車業務が全国範囲内で1週間操業停止し、業務改善する」
http://news.sina.com.cn/c/2018-05-11/doc-ihamfahw4846977.shtml
[97] 事件の詳細に関しては、「温州20歳女性が滴滴相乗車に乗って殺害され、半年間で2回も殺人事件が起きた」

変え、山奥に向かったと気づき、すぐ家族と友人に救助を求めるメッセージを発信した。その家族がメッセージを受け取った後、まず滴滴のサービスセンターに連絡を取り、サービスセンターが容疑者に連絡をとったが、容疑者はオーダーが既にキャンセルされたと称した。それを聴き、サービスセンターは「システム情報によると、乗客はオーダーをキャンセルした」という内容の回答を被害者の家族に出した。その後、その家族が警察に通報し、警察が滴滴側に情報開示を求めると、滴滴側は「運転手と利用者のプライバシー保護」を理由に、警察に運転手と車輌情報を提供するのを一旦断り、被害者がメッセージを出してから4時間以上が経った後、ようやく運転手と車輌情報を警察に提供した[98]。2018年8月25日午前4時頃、容疑者が警察に逮捕された[99]。本事件が発生した後、滴滴は再び被害者の家族と公衆に謝罪し、便乗車業務の全国範囲での利用停止と、業務形態の再検討を宣言した[100]。

　シェアリング・エコノミーは中国において、多大な発展を遂げてきた。中国国内の経済状況が芳しくない中、それが経済成長を促すだけでなく、産業構造の転換を実現させ、余剰労働力を吸収する重要な手段となる。習近平主席が中国共産党第19回全国代表大会報告の中で指摘したように、「シェアリング・エコノミー、現代化したサプライ・チェーン…等の領域において、新たな経済成長点を作り出し、新たな経済成長のエンジンを形成する必要がある [101]」。しかし、前述したネット配車に纏わる事件がまさに、中国におけるシェアリング・エコノミーの急速な発展に影を落としている。監視と管理に欠ける中、ネットプラットフォームの恣意的な設立と拡張が、ネットプラットフォームサービス、または中国のシェアリング・エコノミー発展とサービス品質向上を阻む最大の障害となっている。労働法の分野から見ると、数多くのネットプラットフォーム就労者の法的性質が不明のままである。中国の労働関係認定基準が元々多くの問題を抱えており、新たな業態や新たな労務利用形態の特徴を更に反映しようとすると、問題が生じるのも必然と言える。中国の労働法学者たちはこの問題に関して、様々な議論を展開してきたが、未だ統一した見解には至っていない。中国の裁判所が関連事件を処理する際にも、代表的な指導判例をまだ出していない。一方、シェアリング・エコノミーは中国経済における重要な役割、数多くの就労者と膨大な利用者数を背景に、中国立法当局に立法の形で問題の多い労働関係認定基準を整理し、関連する労働者権利保護問題や、社会保障問題

---

http://tech.ifeng.com/a/20180825/45139093_0.shtml
[98] 事件の調査に関しては、「温州滴滴相乗車殺人事件、命取りの4時間：死者の絶望的なSOSと遅くなった運転手の情報」
http://www.infzm.com/content/138791
[99] 「警察の楽清滴滴相乗車運転手殺人事件に関する通告」
http://society.people.com.cn/n1/2018/0826/c1008-30251099.html
[100] 「滴滴が今日から全国範囲で相乗車業務を中止」
https://news.sina.com.cn/o/2018-08-28/doc-ihifuvpi0038208.shtml
[101] 習近平「全面的に小康社会を作り、新時代中国特色の社会主義大勝利を獲得せよ——中国共産党第19回全国代表大会における報告」
http://cpc.people.com.cn/n1/2017/1028/c64094-29613660.html

等を解決するのを促す可能性がある。そこで、本章においては、中国のシェアリング・エコノミーと伝統的な労働法制度がぶつかることによって生じる問題点を検討し、さらなる議論の基礎とする。

第2節　中国のシェアリング・エコノミーの展開と就労形態の変貌

1.　シェアリング・エコノミーの出現と発展

(1)　シェアリング・エコノミーの起源

シェアリング・エコノミーという概念は、コラボレーション型消費（collaborative consumption）に対する研究から生まれたものである。伝統的な消費スタイルが人々の生活を侵食する中、コラボレーション型消費はそれに対抗するために持ち出された。伝統的な消費スタイルに対抗するものとして、シェアリング・エコノミーはビジネスモデルというより、むしろ一種の文化である。すなわち、特定の地域にいる人的集団が、手元にある遊休資産に対して、これをオンラインまたはオフラインの形で、有償または無償でこれを必要とする者に提供する。例えば、庭付きの一戸建が多く建てられている区域において、草刈り機に対する需要はあるが、その値段が高く、住戸全員がそれを購入するわけでもなければ、毎日それを使用するわけでもない。そこで、草刈り機を持つ住戸は、それを必要とする近隣に貸し出し、草刈り機という資源が遊休することを避け、「気前が良い（generosity）」という評価を獲得し、または近隣が持つ他の遊休資産と交換し、最終的には資源の配置を最適化させる。したがって、伝統的なシェアリング・エコノミーを成立させるためには、一般的に2つの要件があると思われる。すなわち、①シェアリングに供される資源の存在と、②当該資源の存在過剰とこれをシェアリングする動機である。[102]

(2)　「ネット+」とシェアリング・エコノミーの結合

インターネットと結合するまで、シェアリング・エコノミーは知り合いの間にしか存在しない生活スタイルであり、主流の経済形態になることはないと思われてきた。インターネットとビッグデータ関連技術の発展により、シェアリング・エコノミーがより大きな範囲において実現する技術的なボトルネックである情報のマッチングがついに突破された。様々なウェブサイトや携帯アプリのプラットフォームが商品の情報と需要情報をかき集め、遊休資産の需要と供給の効率的なマッチングを実現した。従前、草刈り機の所有者は彼の住所付近の自治会掲示板に広告を貼り、それを必要とする者を探すしかなかったが、今では、彼はネットプラットフォームに登録し、関連情報を掲載すること

---

[102] See Yochai Benkler, Sharing Nicely: On Shareable Goods and the Emergence of Sharing As A Modality of Economic Production, 114 Yale L.J. 273, 276 (2004).

によって、瞬時にそれを必要とするユーザーが表示される。そして、遊休資産の所有者とそれを必要とする者をマッチングさせることによって、莫大なビジネスチャンスが生まれることは既にインターネット業者等の間で広く認められ、関連業務に利用されている。現在、シェアリング・エコノミーのほとんどは商取引やビジネス活動に関わることになっており、非営利型の資源交換はどんどん少なくなっている。より多くの人は、遊休資産に値段をつけ、それを売ることにしている。もちろん、売られているのは資産の所有権ではなく、一時的な使用可能性、またはアクセス権である。需給情報を迅速にマッチングさせるという特徴を表すべく、シェアリング・エコノミーは「オンデマンド・エコノミー」とも呼ばれる[103]。今となっては、一定の区域において遊休資産をシェアリングさせるというシェアリング・エコノミー本来の性質は忘れ去られ、インターネットという媒介とは切り離すことができなくなった。現在、シェアリング・エコノミーとは、「ソーシャル・ネットワーキングのオンラインサービスを通じて、それを業とする者以外の当事者が商品とサービスを獲得・付与またはシェアリングする経済活動である」と理解されるようになった[104]。

2. 中国におけるシェアリング・エコノミー

技術進歩によって生まれた新たな経済形態として、シェアリング・エコノミーは世界各国で注目されており、中国も例外ではない。2015年11月に公表された「中国共産党中央委員会の国民経済と社会発展に関する第13回5年計画の制定に関する意見」の中に、「「ネット+」計画を実施し、シェアリング・エコノミーを発展させる」ことが明確に書き記されている。「中国シェアリング・エコノミー発展報告2016」のデータによると、中国のシェアリング・エコノミーの総規模は2015年時点で約1兆9560億元であり、そのサービス提供参加者は延べ5000万人に達しており、総労働人口の5.5%を占めている。例えば、滴滴によって、1300万人を超える運転手に就労機会が提供された[105]。中国において、シェアリング・エコノミーは物凄い勢いで発展している。ある学者の統計によると[106]、上海だけでも、滴滴に加盟した運転手（主に兼職運転手）が毎日延べ50万回のオーダーを受けており、約四分の一のネット配車運転手の月収が4000元を超えている。63.1%の兼職運転手の月収が2000元を超え、しかも多くの運転手は暇な時、もしくは週末にのみオーダーを受けている。シェアリング・エコノミーの特徴は、そこに色濃く反映されている。その上で、当該学者は第三者の研究報告を引用し、2020年までに、シェアリン

---

[103] 蒋大興、王首傑「シェアリング・エコノミーを法律で規制する前提事実」揚州大学学報（人文社会科学版）2017年第3期。
[104] 蒋大興、王首傑「シェアリング・エコノミーの法規制」『中国社会科学』2017年第9期。
[105] 「中国シェアリング・エコノミー発展報告2016」参照
http://www.sic.gov.cn/archiver/SIC/UpFile/Files/Htmleditor/201602/20160229121154612.pdf
[106] 朱鳴「ネット就労者権利・利益保障検討会総合論述」『工会理論研究』2017年第3期。

グ・エコノミーという領域の中でサービスを提供する人数は1億人を超え、そのうちフルタイムで就労する労働者は2000万人に達し、より多くの人は伝統的な労働契約関係から新たな就労形態に、雇用型就労から創業型就労に、フルタイム就労からパートタイムの時間帯別就労に転換されると予測している。シェアリング・エコノミーは社会組織を再構築し、現在の「会社+従業員」型は、徐々に「プラットフォーム+個人」型に代替されるとも予測している。

3. シェアリング・エコノミーが引き起こした中国の労働問題

シェアリング・エコノミーは中国法学の様々な分野に新たな問題をもたらしてきた。労働法領域もその一つである。その最も根本的な問題は、法政策上シェアリング・エコノミーの労務従事者（以下、「ネット就労者」という）とネットプラットフォームの関係を労働関係と認定すべきかどうかである。そして、立法レベルにおいて、もしそれを労働関係と認定すると、伝統的な工場での就労を想定して作られた労働法規制が適用されうるか、もし修正する必要がある場合、どのような修正がなされるべきか。もしそれを労働関係として認めないとなると、労働法の保護を部分的に及ぼすことができるか。また、労働関係と非労働関係とは異なる第三の選択肢があるかどうか。現在のネット就労者の権利・利益保護に関する問題を整理すると、中国の労働法学者たちは、以下の点に関して意見が統一したと言われている。①「ネット+」、とりわけシェアリング・エコノミーは、労務提供者の利用形態に大きな変化をもたらすと同時に、労働法理論、とりわけ労働関係の理論の根本を揺るがす大きな挑戦をもたらした。②ネット就労者が労働関係当事者に該当するかどうかに関係なく、その労働権利・利益を保護する必要がある。③現行の労働関係認定基準はネット労働者に適用すべきではない。一方、労働関係の認定範囲がむやみに拡大されるべきではない。④ネット就労者の労働に関する権利・利益を保護するのは重要である。しかし、シェアリング・エコノミーのさらなる発展を阻害してはならない[107]。

ネット就労者と伝統的な労働者の区別を整理する際、ネット就労者には以下のような特徴があると指摘されている。

第一に、就労者の利用形態が曖昧であり、労務給付の利用者が定かではないこと

就労者の利用形態が曖昧である点に関して、具体的に以下の例が挙げられる。「レンタカー+運転代行」形式の下で、ネット配車運転手の労働契約は派遣会社と締結されるが、指揮命令と監督監視をするのは、ネット配車アプリ運営会社である。ネット配車運転手はネット配車アプリ運営会社に労務を提供し、その報酬もネット配車アプリ運営会社に

---

[107] 王全興、王茜「中国ネット就労者労働関係の認定と権利・利益保護」法学2018年第4期。

よって支払われる。そのため、ネット配車運転手たちは、派遣会社とネット配車アプリ運営会社がどのような関係にあるか、自分がどの会社の従業員かを判明できず、会社への帰属感がなく、会社を頼りなく感じる場合も多い。直接雇用の場合、使用者一人の顔色をうかがうが、労働者派遣の形で間接雇用されると、両企業のどちらからの指揮命令にも従わざるを得ない。

労務給付の利用者が定かではない点に関して、具体的に以下の例が挙げられる。滴滴、Uber等が採用する「レンタカー+運転代行」形式と、「自家用車加盟」形式の下で、ネット配車事業の運営者たるアプリ運営企業には、伝統的なタクシー運営企業が持つべき基本的な生産道具、すなわち運転手にレンタルされる自動車もなく、輸送任務を完成するための運転手、すなわち労働者もいない。ネット配車アプリ運営企業は、ただのネット上の情報交換プラットフォームにすぎない。

第二に、従属性が弱い。

ネット配車サービスにおいて、ネット配車の運転手とネット配車アプリ運営会社の関係性、とりわけ従属性が弱い。

第三に労働関係が多重に存在する。

ネット配車サービスの「レンタカー+運転代行」形式において、運転手の労働契約は派遣会社と締結されるが、彼らは実際に配車アプリ運営会社の指揮監督に従い、配車アプリ運営会社のために労務を提供している。そして、彼らの報酬も配車アプリ運営会社によって支払われる。また、ネット配車運転手は必ずしも一つの配車アプリ運営会社にのみ所属するわけではなく、自分の意志と実際の労働条件に鑑みて、複数のアプリ運営会社と労務提供関係を成立させ、複数の派遣会社と労働契約を締結し、パートタイム労働関係、兼職関係等の非典型的な労働関係を成立させることができる[108]。

前述した中国のネットプラットフォーム就労の特徴と、現段階の学説の共通認識に対する整理に対して、筆者は必ずしも全面的に賛成するわけではない。すなわち、学説上のネットプラットフォーム就労に対する理解は適切ではなく、ネットプラットフォーム就労の実情を正確に反映することができていない。そして、中国の関連法律の効果に対する評価も妥当ではない。

第一に、「就労者の利用形態が曖昧であり、労務給付の利用者が定かではない」という記述は、ネットプラットフォーム就労の実情を反映してはいない。ネット配車運転手の労働契約は派遣会社と締結されるが、労務はネット配車アプリ運営会社に提供され、報酬も実際にネット配車アプリ運営会社によって支払われるのは事実である。そのため、労務給付の利用者が誰なのかに関して、疑問が生じるという学説上の主張がある。しか

---

[108] 張素鳳「ネット配車運営中の非典型就労問題とその規制」華東政法大学学報2016年第6期参照。似たような観点として、王文珍、李文静「シェアリング・エコノミーの発展が中国労働関係にもたらす影響」中国労働2017年第1期、彭倩文、曹大友「労働関係か、労務関係か――滴滴出行を例とする中国ネット配車プラットフォームの雇用関係解析」中国人力資源開発2016年第2期。

し、ネット配車運転手や他のネットプラットフォーム就労者は、彼らに対する指揮命令がネットプラットフォーム運営会社より発せられること、労務給付をする際、ネットプラットフォーム運営会社が作った規範に従う必要があることを理解していれば、その就労の法的性質と労務給付の利用者は、はっきりしている。そして、このような現象は、中国の他の労働者派遣の場合にも生じており、これをもってネットプラットフォーム就労と他の労働者派遣を区別することはできない（実際、ネット配車等の分野において、プラットフォーム側が労働者派遣を利用できるかに関しても疑問はある。この点に関しては後述する）。現在、中国のあらゆる労務派遣には、このような特性が備えられているため、これをネットプラットフォーム就労のみの特性と評価することはできない。また、「労務給付の利用者が定かではない」という記述も正確性を欠いている。インターネットに関係する企業である以上、それが「バーチャルな情報交換プラットフォーム」に当たる可能性がある。しかし、労務の利用者として、当該企業には実体があることも否定できない。自動車等の生産道具がネットプラットフォーム自身に所有されるかどうか、ネットプラットフォームには交通運営関連事業に携わる資格があるかどうか等は、労務利用者としての実体があるかどうかに関係しない。

　第二に、従属性が弱いという判断も適切ではない。従属性というのは、「コントロール権理論」の大陸法系における表現である[109]。伝統的な労働関係における「朝九時、午後五時に出退勤し」、「マニュアル通りに業務をこなす」就労態様と比べ、ネットプラットフォームによる就労者へのコントロールは確かに弱くなっている。しかし、ネット就労者はネットプラットフォームにアカウントを作り、毎日サインインしなければならない。そして、毎回労務を提供する際、ネットプラットフォームアプリによる「管理監督」と（例えばオーダーの引受、路線に関する指示、労働時間の記録、ユーザー評価等）、消費者とネットプラットフォームによって出される評価システムの拘束を受けることになり、就労者に不利な評価が出されると、その報酬も相応に減額されることになる。そして、就労者の報酬はまず消費者によってプラットフォームに支払われ、そこからプラットフォーム利用料を引かれた上でネット就労者に支払われる。ネットプラットフォームのこれらの行為は、「コントロールの手段」として評価できるかどうか。これらの行為が事実上、従属性と同様の効果をもたらせるかどうか。そして、伝統的な指揮監督の手段と比べて、どちらが強いか。これらの問題は、新たな時代において、改めて慎重に考えられなければならない。実証研究のデータがない以上、ネット就労者の従属性が弱いという結論を安易に出すべきではない。

　第三に、「労働関係が多重に存在する」という表現が的確ではない。ネットプラットフォーム就労者は複数のプラットフォームに登録して、サービスを提供することができる。

---

[109] 大陸法系労働法従属性理論研究として、黄越欽『労働法新論』中国政法大学出版社2002年版121頁。

しかし、現在、ネットプラットフォーム就労は集約され、専門化される傾向にあり、ますます頻繁になるオーダーの発注は、就労者が複数のプラットフォームにおいて労務を提供する可能性を小さくしている。そして、「労働関係が多重に存在する」という表現は、事実としての社会現象とそれに対する法的評価を混同する可能性もある。中国労働法において、特定の法的要素を満たさないと、労働関係は成立しない。それに対して、ネットプラットフォーム就労者が複数のネットプラットフォームに労務を提供する現象は、一種の社会的事実に過ぎない。ネットプラットフォーム就労の法的性質が実定法上定められていない以上、それを多重的な法律関係と評価すると、誤解を招く恐れがある。

したがって、ネットプラットフォーム就労の実際の運用状況、そして生じうる法的効果に関して、現在の有力説には妥当ではない点があり、その特徴に対する整理やまとめは、現実を反映することができていない。したがって、筆者はこれらの問題点を修正する上で、伝統的な就労形態と比較し、現在中国のネットプラットフォーム就労の特徴を次のように整理する。

ア　労務利用者の認定が複雑であり、本当の利用者が多重法律関係の背後に隠れていること

　ネットプラットフォーム就労者を利用する者は客観的に存在している。ネットプラットフォームが様々な手段を駆使し、労働関係の成立を意図的に避けている結果、その認定が困難になっている。ネットプラットフォームは複雑な法的関係を意図的に作り出し、自らを労働関係の外に隔離することによって、直接的な労務給付の受領を避け、労務を「柔軟に」利用し、「少ない資産の下で経営する」等の経営目標を実現している。前述したように、ネットプラットフォームは往々にして派遣会社と「労働者派遣契約」を締結し、派遣会社にネット就労者と労働契約を締結させた上で、労働者派遣契約によってネット就労者をネットプラットフォームに派遣させ、その労務を利用する（ネットプラットフォームは運転手に自動車リース企業とリース契約を締結させる場合もある）。しかし、使用者による労働関係のデザインは、双方当事者の法的関係の性質、並びに労働関係関連規制の適用に必ずしも影響を与えることはないと、中国労働法の実体法上の規範と裁判実務[110]はともに主張している。すなわち、そのデザインが如何に複雑であろうと、就労の実態を判断基準とする中国の労働関係認定制度において、法人格否認の法理と同じように、ネットプラットフォームの複雑なデザインを突き破り、その背後にあるネットプラットフォームと就労者の間の実際の権利義務状況が探求されるであろう[111]。法的評価

---

[110] 「張琦対上海楽快情報技術有限会社労働争議2審民事判決書」（2017）京03民終11768号参照。
[111] 中国労働規制上の実際の権利・義務の情況を重要視する態度を現すものとして、最も代表的なのは、旧中国労働・社会保障部が公表した「労働関係の確立に関する関連事項の通知」における「建築施工、鉱山企業等用人単位がプロジェクト（業務）または経営権を労働者の使用主体資格を有しない組織や自然人に請負わせる場合、当該組織や自然人が採用した労働者に対して、労働者利用主体資格を有する発注者が労働者利用主体としての責任を負う」という規定である。当該規定によると、用人単位が労働関係を成立させる役割を、労働者利用資格を持たない請負人に負わせ、用人単位としての責任を潜脱しようとする場合、それが用人単位と労働者の真実の意思表示であるとしても、中国の法規制はこのような潜脱を目的とする設計を認めない。

はネットプラットフォームのデザインによって「曖昧」になることはなく、法的当事者も「形をなくす」ことはない。ただ、それが影に隠れているだけである。ネットプラットフォームの一連の法規制潜脱が違法なものと評価されると、就労者との関係は労働関係と認定され、ネットプラットフォームは使用者としての責任を負うことになる。

イ　従属性の曖昧化

　ネットプラットフォーム就労の場合、就労者へのコントロールは、隠蔽され、曖昧化される傾向にある。現在のネットプラットフォームによる就労者へのコントロールを見ると、コントロール手段が柔軟化されたからといって、その程度も低下していると決めつけることはできない。ネットプラットフォーム自身の特徴、能力と運営方式から見ると、伝統的な工場労働時代のように、直接的に労務給付の過程を指揮監督することは困難になり、先進的な技術手段を駆使することによって、直接指揮監督をする必要性もなくなった。ネット時代において、ネット就労者の労務給付能力は、点数をつけられた上で公開され、潜在の消費者に選ばせるシステムになっている。100元の給料が引かれることと、「一つ星」の最低評価をもらうことのどちらを就労者がより恐れているか、我々は判断できない。しかし、中国のネットプラットフォームは、2つの手法を併用して、就労者をコントロールしようとしているのは事実である。同様に、ネット就労者のプラットフォームアクセス権、オーダーを引き受ける度にもらえる報酬額、評価システム等が完全にネットプラットフォームに握られている以上、ネットプラットフォームの特性上、ネット就労者を毎日特定の時間帯に働かせることが困難になっているか、それとも資本の力や技術の進歩によって、ネット就労者を毎日特定の場所に来させなくても、ネットプラットフォームがそれをコントロールできるかを断言することは難しい。したがって、より多くの実証研究によって証明されていない現段階において、コントロール手段の変化によって、従属性が弱まっているという結論を導き出すのはまだ早い。一方、コントロール手段が目に見えるものから、デジタル化、バーチャル化されていくということは言えるだろう。これらのコントロール手段の効果と影響力がどのようになるか、これをネットプラットフォームの経営方式、並びに就労に対する要求を鑑みた上で、改めて評価しなければならない。

ウ　労務利用形態が分散的、柔軟であること

　柔軟な労務利用形態はネットプラットフォーム就労と伝統的な就労形態を区別する最も明確な特徴である。それは主にネットプラットフォーム就労者を組織する際の分散性と、労務提供形態の柔軟性を指している。ネットプラットフォームは職場を提供し、就労者を集めた上で労務を提供してもらうのではなく、就労者が指示を待ち、またはオーダーをこなす際に、特定の場所に集めて労務を提供する必要はない。この限りでは、外勤労働者とよく似ている。そして、ネットプラットフォーム就労者の労務提供形態は柔軟である。ネットプラットフォームが彼らの出勤と退勤時刻を厳格に定めることはない。

ある程度のオーダーをこなした後、就労者にはオーダーを引き受けるかどうかに関する自主決定権が生じる。そして、就労者の報酬の決済方法も柔軟である。オーダーごとに計算する出来高払制を取る場合もあれば、固定給を取る場合もあり、そして固定給+ボーナスの場合もある。

　前述した労務を利用する際のネットプラットフォームによる新たな制度設計は、新たな創業と就労形態としての革新の一部でもあり、それがネットプラットフォーム事業の展開を促進している。しかし、このような革新が、中国の現行法上どのような効果をもたらすか、とりわけ労働関係の認定と、労働保護法適用を潜脱しようとするプラットフォーム側の動きは、立法と実務レベルで大きく疑問視されている。この問題は、労働法の価値と機能、労働者の権利・利益保障、そして経済形態の革新推進の3つの視点からバランスを取るべき問題でもある。この問題に対する答えは、ネットプラットフォーム経済が比較的低い人件費で引き続き労働力を利用できるかどうかを左右し、ひいてはネットプラットフォーム経済の運命を決めることになる。答えを出す前に、中国の現行の労働関係認定制度を考察する必要がある。

第3節　中国の労働関係認定制度

1. 概論

　現在、中国の労働関係認定制度は、①労働関係の主体の認定、②労働関係内容の認定、③労働関係成立の認定、という3つの規則に分けることができる。すなわち、「(潜在的な)労働関係の主体は、法的要件を満たす労働者と用人単位でなければならない。労働関係の内容は、官庁の規定によって定められた労働関係の内容に一致しなければならない。法定要件を満たす労働者の使用行為が実際に発生しなければならない。」この3つの規則が同時に満たされて初めて、中国労働法にいう「労働関係」が成立する。世界中のどの国を見ても、このような労働関係認定制度は唯一無二と言える。そして、その形成と実際の運用効果も相当に複雑である。

　この3つの規則がそれぞれ学説や実務によって具体化され、労働関係認定問題において、発揮する機能も異なっている。一つ一つの規則の誕生と発展は、中国の特色を内包しており、中国の労働関係の変革と発展を反映すると同時に、中国の政治制度と社会文化の変遷を体現している。とりわけ「中国特色」に関する議論は、相応の時代背景と、それによって解決しようとする問題を考慮した上で理解・考査しなければならない。以下、各規則の具体的な分析、評価を試みる。

2. 中国の労働関係当事者の認定

(1) 中国労働法上の労働者概念

中国労働法上、労働者に対する明確な定義はない。中国労働契約法第 2 条によると、「中華人民共和国国内の企業、私営経済組織、民営非企業単位等組織（以下、「用人単位」という）と労働者の間に労働関係を成立させ、労働契約を締結、履行、変更、解除または終了する場合、本法律を適用する」。すなわち、中国労働契約法による労働者範囲の特定は、労働関係の成立によって判断される。同法において、労働者になるための他の要件は定められていない[112]。言い換えると、現行の中国成文法上、労働者主体の資格に関する判断規則は存在しない。一般的には、満 16 歳で、まだ定年退職年齢に達しておらず、労働能力を有するすべての人は、中国労働法上の労働者になれる[113]。

諸外国を見ると、中国大陸の労働法制のように、労働者の資格または認定要件を制限しないのは、むしろ特例と言える。諸外国においては、労働者を一定の基準の下で選別する場合もあれば、ポジティブリスト、またはネガティブリストを挙げて労働者の範囲を確定する手法が取られている。そのうち、前者が主流である。イギリスとアメリカは判例法によって、「コントロール権基準（Control Test）」を展開してきた。すなわち、使用者のコントロール下で労務に従事する者は、労働者に認定される可能性がある[114]。それに対して、ドイツ法と日本法は従属性を基準とする。すなわち、「（ドイツ法の）通説によると、労働契約は雇用契約に内包される概念であり、従属性をその唯一の中核的な特徴とし、他の種類の雇用契約と区別される。…労働者が労務を提供する際、人的従属性を有することが、労働契約と他の契約類型を区別する主な基準である。それに対して、経済的従属性は、区別をつける際に重要ではない」[115]。後者の立法代表例は台湾の「労働基準法」である。同法第 2 条によると、「労働者」は「使用者に雇われて就労し、報酬を獲得する者であ」り、労働者の範囲を内容面で制限することにし、「雇われること」と「報酬を獲得すること」を 2 つの基準として明確にした。それに加え、同法第 3 条において、特定の業界を除外する方法で、労働者の範囲を制限した。具体的には、演芸、文学・芸術、文芸（公営企業の技術者、用務員、運転手を除く）、芸能人・モデル、文学作品の翻訳、宗教団体、スポーツ団体、政治団体、国際組織と外国機構等がこれに該当する。そして、同法は労働者として認められない就労者をも規定した。具体的には、飲食業における分類されていない他の飲食業者、公立学校、幼稚園、特殊な教育事業の図書館と文書保存業、博物館、遺跡、その他の機構、他の教育産業の職業訓練機構、行政機構等が挙げ

---

[112] 謝増毅「労働関係の中身と従業員や雇主の身分認定」『比較法研究』2009 年第 6 期。
[113] 林嘉その他『労働法と社会保障法』中国人民大学出版社 2016 年版 101 頁。
[114] See Mark A. Rothstein, Lance Liebman and Kimberly A. Yuracko, Employment Law, Case and Materials, 8th edition, Foundation Press, pp 19-20.
[115] 林更盛「ドイツ法上近来労働者概念に対する検討と立法」台湾労働法学会編『労働法裁判例選』(3) 元照出版社 1999 年版 3～4 頁。

られる[116]。これらの業務を明確に挙げたのは、どのような業界、どのような就労者が労基法上の労働者として認定されないかを明らかにし、法律の透明性を保証すると同時に、挙げられた業界と就労者の性質をもとに、明文をもって規定されていない業界や就労者に類推適用し、それが労働基準法立法当初に想定されている労働者に該当するかどうかを決めることができるからである。

(2) 中国労働法上の労働者概念の理解とその原因

中国労働法における労働者関連規制を検討する際、中国の特殊な労働立法背景と、「労働者」という単語が中国で持つ政治的意味を無視してはならない。中国憲法第42条によると、「中華人民共和国の公民には労働する権利と義務がある。国は様々な方法によって、就労する条件を作り出し、労働保護を強化させ、労働条件を向上させ、生産活動を発展させる上で、労働報酬と福祉待遇を改善する。労働はすべての労働能力を有する公民の光栄な職責である。国有企業と地方集団経済組織の労働者は国家主人公の態度を持って自らの労働に臨むべきである。国は社会主義労働競争を提唱し、模範となる労働者や先進的な労働者を奨励する。国は公民の労働奉仕を提唱する。国は就職前の公民に対して必要な労働就職訓練を行う」。これが労働法学者の言う「労働権条項」である[117]。中国の労働者概念に対する理解は、憲法の中の労働権条項の文言とその史的展開と密接に関係している。

中国学者の憲法上の労働権条項に対する研究によると、労働と労働権は自由権と社会権の規範としての意義を持つだけではなく、中国の立憲過程において、常に重要な「承認技術」として存在する[118]。社会主義憲法上の「人」は政治区分、政治動員、政治約束、政治的服従等の具体的な技術によって認められている。したがって、労働権の規範は基本的な権利規範だけではなく、重要な承認規範でもある。この承認技術によって、中国は労働権を持つ労働者と搾取階級や反動分子との区別をつけ、労働者は国家政権の指導者として認められ、その対極にあるのは、専制の対象である。過渡期[119]が終了した後、労働者は社会主義建設と改造の主として認められた。一方、認められなかった他の人的集団は敵対する階級や専制の対象に区分されることなく、引き続き労働改造を受けることによって、社会主義建設と改造の主になり、「人民」の一人になる可能性は、1954年憲法の中の労働権規範に設けられた窓口によって認められるようになった。それによって、中国憲法上の労働権規範は、一種の承認規範、もしくは承認倫理になった。あらゆる国の憲法には、権威と自由の間にお互いを承認する安定した構造を形成するという思想上

---

[116] 黄越欽著、黄鼎佑修訂『労働法新論（第五版）』翰芦図書出版会社 2015年版 161〜162頁。
[117] 童之偉その他『憲法学』清華大学出版社 2008年版 213頁、韓大元『中国憲法』第2版、法律出版社 2004年版 295頁、張千帆その他『憲法学』（第2版）法律出版社 2008年版 216頁参照。
[118] 中国憲法上の労働権規制の「承認規制」としての属性に対する論述に関しては、王旭「労働、政治承認と国家倫理——中国憲法労働権規制に対する解釈」『中国法学』2010年第3期参照。
[119] 中国歴史上の「過渡期」とは、1949年中華人民共和国が成立してから、1954年「三大改造」が終わるまでの時期を指す。

の目標が秘められている[120]。

中国憲法上の労働権規範の承認規範としての効力と、労働者に対してもたらされた結果により、ある程度中国には労働者の具体的な法的定義が欠如していることを説明することができる。中国憲法にいう労働者は、中国公民が憲法42条の労働権規範によって「承認」された後、国家の主としても身分を得たという肯定的な評価であり、理論的には、すべての専制対象である搾取者に相対する階級と個体は、この身分を獲得できる。その中には、各国に普遍的に認められる労働法上の労働者、すなわち工場労働者と一部の頭脳労働者（教師、研究者等）だけでなく、一般的に労働法上の労働者として認められない農民、職人、企業の所有者と管理者等も含まれている。したがって、立法者が憲法の下位規範である労働法の中で、中国の労働者集団を再限定し、一般的に労働法上の労働者として認められない農民、職人、企業経営者等を労働法の適用対象としての「労働者」から排除しようとすると、違憲となるリスクが生じてしまう[121]。中国労働法第1条の「労働者の合法的な権利・利益を保護するため…憲法に従って、本法律を制定する」という表現も、労働者を対象とする労働法上の規範は、例外なく憲法の枠組み内で行われることを証明した。そこで、中国労働法制が当初、労働者を「工場労働者」に限定しなかった理由[122]も明らかになった。すなわち、中国憲法上の労働権規範は承認規範としての性質を持ち、労働者という身分は認められ、受け入れられた結果として政治的な意味を持ち、労働法の当事者としての法的意義が相対的に二の次となり、憲法にいう労働者が法的概念ではなく、政治概念となった。これによって、労働法等の特別法によって、労働者を再定義し、もしくはその範囲を制限することは、違憲になるため、不可能になった。

もっとも、上の法規範に対する分析は、中国労働者法制の形成にまつわる政治事情を完全に反映できていないかもしれない。前述した違憲の可能性があるため、労働法制の中で労働者概念とその範囲を統一的に定義できなくても、諸外国の労働法制を見ると、労働契約の法的属性を明確に定めることによって、「労働契約締結者」、もしくは「労働関係にいう労働者」という概念を確立させることも当初はできたはずである。このような定義の仕方は、違憲という事態を回避すると同時に、労働契約の締結によって、様々な当事者が労働法の規制対象になる可能性を残し、「次善策」としては妥当と思われる。しかし、立法者は労働法の立法というチャンスを取り逃してしまい、労働契約を精緻に定義し、労働者概念の欠如を補うことはできなかった。

中国労働法2条によると、「中華人民共和国国内の企業、私営経済組織、民営非企業単位等組織（以下、「用人単位」という）と労働者の間に労働関係を成立させ、労働契約を締結、履行、変更、解除または終了する場合、本法律を適用する。国家機構、事業組織、

---

[120] 王旭「労働、政治承認と国家倫理――中国憲法労働権規制に対する解釈」『中国法学』2010年第3期。
[121] 中華人民共和国立法法第87条によると、「憲法には最高の法的効力があり、あらゆる法律、行政法規、地方法規、自治条例と単行条例、規章が憲法に抵触してはならない」。
[122] 李海明「労働法上の労働者を論じて」清華法学2011年第2期。

社会団体と労働契約関係を成立させる労働者には、本法律を準用する」。同法 16 条後半によると、「労働関係を成立させるには、労働契約を締結すべきである」。これらの条文において、「労働関係がまず認定され、後に労働契約が締結される」とされることは、立法者の認識を反映している[123]。まず労働者を利用する事実があり、この事実に対して法的判断をし、労働関係が成立するかどうかを確認するのが一般的である（書面で労働契約を締結しているかどうかも、労働関係の成立を判断する要素の一つである）。しかし、労働法 2 条と 16 条の規定は、立法者が予め特定の人的集団（用人単位の法的性質によって判断される）に対して、労働関係が成立していると判断した上で、これらの労働関係が成立している人的集団に対して、書面で労働契約を締結するよう求めることになる。このような認識は、諸外国の立法と異なり、「まず法的事実が存在し、後に法律関係が認定される」という中国法上の一般常識にも反している[124]。このような「デタラメ」な制度は、中国労働契約制度改革時の独特な歴史背景によるものである。

　改革開放前、中国企業の労働者利用契約は、全て国が年初に制定することになっていた。企業には労働者を採用する自由がなく、新卒者、退役軍人等の潜在的な労働力にも、自由に就職先を選択する権利がなく、全ては国の指示に従っていた。国家の労働者利用計画内に入ったことは、「鉄茶飯碗」を獲得したことを意味し、労働者は同じ企業内で、定年退職するまで労務を提供できた。この時期の労働関係には、当事者の意思が反映されておらず、労働関係は行政関係の一種と理解できる[125]。改革開放が進行するにつれ、前述した労働者利用制度は国家経済の発展と事業経営の柔軟性への要求に応えることができなくなった。とりわけ固定工や、「鉄茶飯碗」制度は、労働者の積極性と企業経営効率の向上を著しく阻害していた。これを解決し、労働関係の終了制度を創設するため、中国は労働契約制度改革を開始した。1986 年 7 月 12 日、国務院常務会議が「国営企業労働契約制度施行臨時規定」（以下、「臨時規定」という）を公表した[126]。臨時規定第 2 条によると、企業が国家労働賃金計画予算内で常用労働者を採用する際、特別規定がある場合を除き、労働契約制度を適用する。もっとも、本規定の名称を見るとわかるが、労働契約改革の対象は国営企業に限られており、国は事前にどのような企業において労働契約制度を実施するかを決め、労働契約制度改革の実施対象も事前に定められている。すなわち、企業が国家労働賃金計画予算内において、固定工を新規採用する場合にのみ、労働契約制度が適用される。したがって、当時の労働契約改革は、適用範囲と適用対象が限られている実験に過ぎなかった。それに対して、1995 年に施行された「労働法」の特徴

---

[123] 鄭尚元『労働契約法の制度と理念』中国政法大学出版社 2008 年版 116 頁。
[124] 張文顕その他『法理学（第三版）』法律出版社 2007 年版 182 頁。
[125] 国が統一的に労働者を分配する体制の特徴と問題点に関して、蘇樹厚その他『新中国労働制度発展と創新研究』山東人民出版社 2006 年版 184 頁。
[126] 臨時規定に対する全体的な評価に関して、李海明、鄭尚元「認められる労働法を求めて——中華人民共和国労働契約法を評する」林嘉その他「社会法評論」第 4 巻 3 頁。

は、「全員契約制」を確立したことである[127]。同法の規定の下で、企業の性質や労働者の職歴に関係なく、労働契約が統一的に締結される。臨時規定を適用しなかった固定工も例外ではない。したがって、労働法の主な役割は、臨時規定によって打ち出された労働契約改革を引き続き推し進めることである。とりわけ臨時規定によってカバーされていなかった、既に国営企業と労働関係にある固定工にとって、労働法の定めにより後付の形で締結された労働契約は、その労働関係の存在事実を確認しただけであり、労働契約を締結した固定工は、自動的に労働法上の労働者としての身分を獲得することになる。したがって、中国労働法第2条の「労働関係がまず認定され、後に労働契約が締結される」という記述は、当時の労働契約改革の対象となる社会現象を現すものである。当時、労働契約制度は固定工の労働関係終了制度、並びに計画経済と終身雇用制度を代替する制度として立法者に認識されたため、中国労働法立法時に、立法者が労働契約制度を全面的かつ正確に認識していたとは言えない[128]。労働者の従属性は、最初から中国立法者の念頭に置かれていなかったため、諸外国のように、労働者を「労働契約を通じて、従属性のある労働を提供する主体」として定義することはできなかった。

(3) 小括

中国では労働者は法律上定義されておらず、その範囲も定かではないが、それを理解するために、中国憲法との関係と、特定時期の歴史背景を念頭に置く必要がある。まず、労働者が中国労働法上明確に定義されなかったのは、中国憲法上の労働権規範には「承認規範」としての機能があり、労働法上の労働者として認められない農民や職人たちも、憲法によって労働者として認められたため、下位規範である労働法は、違憲のリスクを背負い、彼らを労働者定義から排除することはできなかった。一方、労働法の立法化を主な特徴とする中国の労働契約制度改革は、実務上の需要と立法者の労働契約に対する理解の限界によって、トップダウン式の労働契約制度の普及活動となり、労働契約制度の整備に関する考察が不足していた。そのため、中国労働法制度の下で、労働者に対する定義と範囲の限定が欠如するという独特な現象が生じた。

3. 中国の労働関係成立に関する法規制

(1) 中国労働法上の労働関係成立規制の展開

---

[127] 黎建飛「社会変革の中の中国労働立法」法学家2009年第6期。
[128] 中華人民共和国成立初期の多くの立法資料と指導者の発言の中では、労働契約が固定工の対極に位置づけられ、臨時労働者、代替的な労働者と結び付けられている。典型例として、劉少奇の労働契約の位置づけに対する発言がある。「我々には現在、一種類の労働制度しかない。固定工には、労働保険があり、受け入れた以上、辞めさせることができず、もしくは大変困難である。労働制度は一種類のみであるべきではない。臨時労働者、契約労働者をなるべく使うべきである。これらの臨時労働者、契約労働者も正式な労働者である…一部の工場は、従前から季節性のある製造工場であり、季節性のある労働者を利用する。仕事があれば来てもらい、仕事がなければ帰る…契約労働者が何年も就労した後、工場長にもなれる。しかし、このような幹部はまだ少なく、我々はその方向に向かって歩いていく」。鄭凱旋「劉少奇「二種類の労働制度」と「二種類の教育制度」思想を論じて」党史文苑2015年第10期。

労働関係の法的効果を発生させるには、主体と内容の適法性を備えるほか、きっかけが必要になる[129]。中国労働法において、このようなきっかけは、書面での労働契約の締結、または実際の就労行為である。そこで、まず中国労働法上の労働関係成立規制を検討する必要がある。

労働関係が成立する時点は、労働者と用人単位の労働に関する権利と義務の開始時点に直接関係する[130]。当事者の法的立場を明確にするために、労働関係がいつから成立するかに関して、立法によって明確な目印を定める必要がある。これは法律条文自体の明確性に対する要求に関係すると同時に、双方当事者、とりわけ労働者の権利義務にも多大な影響を及ぼす。

この問題に対して、中国の労働規制は、立法時期によって異なる答えを出してきた。1995年に施行された中国労働法第16条によると、「労働契約は労働者と用人単位が労働関係を確立させ、双方の権利義務を明確にする契約である。労働関係を成立させるには、労働契約を締結しなければならない」。そこで、労働契約の締結が労働関係成立の目印であることが明らかにされた。一方、2008年に施行された中国労働契約法第7条によると、「用人単位は労働者を利用する日から、労働者と労働関係を成立させる」。同法第10条第3項によると、「用人単位と労働者が就労開始前に労働契約を締結する場合、労働関係は就労開始日に成立する」。すなわち、中国労働契約法によって、労働関係成立の目印は、「労働契約の締結」から「就労」に変更された。前述した中国労働契約法上の規定は、「就労によって労働関係を成立させる規定」と称され、従前の規定を根本から覆すものとして、学者と実務家の議論を呼んだ。

中国労働契約法第7条と第10条第3項に対する文理解釈と体系的解釈によると、中国労働契約法が以下のような労働関係成立規範を確立したと理解できる。すなわち、就労開始日が労働関係成立の日であり、労働関係を成立させるためには、書面で労働契約を締結する必要がある。就労の開始、労働関係の成立と労働契約の締結は原則として同時に行われるものであるが、2種類の特例がある。①就労が開始してから労働契約を締結する場合である。この場合、労働関係は就労開始日から成立するが、用人単位には1ヶ月以内に労働契約を締結する義務がある。②労働契約を先に締結し、後に就労が開始する場合である。この場合、労働関係の成立は、労働契約の締結より遅れている。前述した理解は実務上普及しており、大部分の学者による支持を獲得し、政府による法解釈もこの理解を採用している[131]。

(2) 「就労によって労働関係を成立させる規定」に関する議論

---

[129] 董保華、陸胤「実際履行規則——個別労働関係を調整する基本原則を論じて」『中国労働』2005年第9期。
[130] 張栄芳「労働関係成立時点を論じて」『現代法学』2012年第3期。
[131] 全国人民代表大会常務委員会法制工作委員会行政法室『中華人民共和国労働契約法解読と事例』人民出版社2013年版90頁。

当該規定に対する中国司法実務上の異なる理解によって、労働関係成立の目印を明らかにするという立法当初の目的を達成できなかった。書面で労働契約を締結した後、労働者が長期間に渡り労務を提供できず、多大な不利益を被る恐れがある場合、一部の裁判所は立場の弱い労働者の利益を保護するため、書面で労働契約を締結した後、就労行為が長期に渡って開始しない場合、労働関係が書面で労働契約を締結した日に成立すると判断した。そして経済補償金の算定に必要となる就業年数は、書面で労働契約を締結した日から計算するとした[132]。もちろん、司法実践上、前述した理解をする裁判所は少数であり[133]、実際の就労が発生する前に既に書面で労働契約を締結したとしても、労働関係は就労開始日に成立することは、労働契約法第7条と第10条の条文によって明らかにされていると、多数の裁判例によって確認されている[134]。

　実務処理と同様、第7条と第10条に対する認識も、2つの説に分かれている。労働関係が一律に就労開始日に成立することを支持する説によると、労働関係の成立時点を書面で労働契約を締結した日から、統一的に就労開始日に変更したことは、中国労働契約法が労働契約の「実際履行原則」を確立し、「就労」の法的意義を基礎とする実体化した労働関係調整制度を確立したことを意味する[135]。労働関係の成立は、もはや書面での労働契約の締結やその効力発生に拘束されることはない。書面で労働契約を締結したが、設定された就労開始日がまだ到来しておらず[136]、またはその効力発生要件が未だ満たされていない場合[137]、もしくは労働契約の締結が労働関係を成立させる「予備条件」にすぎず[138]、労働関係を成立させる根拠にならない場合があり、今まで実務上労働関係成立の判断に困難をもたらしてきたが、この理解によると、労働者が実際に従属性のある労働を提供し始めてから、労働関係が成立するため、前述した実務上の問題を解消することができる。このような観点を「就労説」と呼ぶことができる。

　それに対して、前述した観点に反対する学説によると、労働契約の効力発生日に、労働関係が初めて成立する。契約の効力発生と、契約の履行を混同させてはならない[139]。労働契約の本質は合意であり、就労ではなく、合意が労働関係を成立させる[140]。このような観点を「労働契約説」または「労働合意説」と呼ぶことができる。争点は、労働関係を成立させるのは、双方当事者の合意なのか、それとも就労という行為なのか、労働契約の

---

[132] (2015)吉中民一終字第810号「吉林市汇橋化工有限責任公司と董晨龍労働争議紛争控訴案」民事判決書参照。北大法宝司法事件データベース CLI.C.16552059。
[133] 筆者が中国労働契約法第7条と第10条に関する事件を検索した結果、200個の事件の中で、書面での労働契約締結時を労働関係成立時と認定したのは前述した事件だけだった。その他の事件は、労働関係が労働者を利用する日に成立するとした。
[134] 王林清『労働紛争裁判の考え方と規制の解釈』法律出版社2016年版39頁。
[135] 徐志強「労働法律関係の「実体化」規制――「用人」を研究の基点として」河南財経政法大学学報2013年第5期。
[136] 盧修敏、懐暁紅「事実労働関係の再認識」『法律適用』2008年第11期。
[137] 馮濤その他『労働契約研究』中国検察出版社2008年版21頁。
[138] 王全興、黄昆「労働契約効力制度の突破と疑問点解析」『法学フォーラム』2008年第2期。
[139] 張栄華「労働関係の成立時点論」現代法学2012年第3期。
[140] 潘建峰「労働契約の労働関係協調上の地位」法学2016年第9期。

効力発生日と就労開始日が異なる場合、どちらがより双方当事者の合意を表せるかである。

(3) 「就労によって労働関係を成立させる規定」によってもたらされる実務　問題と中国労働法秩序の欠陥

現在、中国の労働関係成立規定には、多くの問題がある。条文の文言によって、就労開始、労働関係の成立、書面での労働契約締結、という3つの法的事実は、①同時に発生する場合、②就労が先に開始し、後に書面で労働契約を締結する場合、並びに③まず書面で労働契約を締結し、後に就労が開始するという場合に整理することができよう。同時発生の場合、労働関係の成立時点は確定される。しかし、就労の開始と書面での労働契約締結行為が同時に発生しないと、問題が生じやすい。とりわけ③の場合、書面で契約を締結した後、就労行為が実際に行われないと、労働関係は当然に成立することができない。したがって、契約締結後、用人単位が長期的に労務給付を受領しない場合、労働関係は成立できないままになり、労働者は賃金を受け取ることができず、労働契約が解除された後も、契約期間によって経済補償金を算定・受領することができない。このような場合、労働者は多大な不利益を被ることになる。また、理論上では、他にも発生しうる実務上の問題がある。例えば、労働者が出勤初日に交通事故にあった場合、労災として処理することができるか、労働者が用人単位と労働契約を締結しながら、用人単位の労務給付不受領により、労働関係を成立させることができず、報酬がもらえない場合、他所で就労できるか、他の用人単位と労働関係を成立させることができるか等の問題が挙げられる。[141]

また、中国労働契約法第7条と第10条を文面通りに機械的に適用すると、前述した不公平な結果を招くほか、同法の他の条文と矛盾し、同じ法律の条文が、同じ法的事実に対して、異なる評価をするという「法律体系違反」の現象も生じうる[142]。労働契約の締結は、本質的に法律行為である。双方当事者が合意し、法律による合法性評価を受けると、当事者が発生させようとする結果が発生する。中国労働契約法第16条によると、労働契約の効力発生要件は以下のようになる。すなわち、当事者が合意し、契約書に署名押印すると、法定の効力発生要件を満たし、双方当事者の意思によって労働契約が成立する[143]。しかし、労働契約法第7条と第10条に対する政府解釈によると、労働契約が効力を発生した後、必然的に労働関係が成立するわけではなく、労働法上の権利義務も発生しない[144]。すなわち、当事者は既に法定の効力発生要件（合意と労働契約書への署名押印）

---

[141] 林嘉『労働法の原理、体系と問題』法律出版社 2016 年版 165 頁。
[142] カール・ラーレンツ『法学方法論』陳愛娥訳、商務印書館 2003 年版 205 頁。
[143] 中国労働契約法第 16 条
　労働契約は用人単位と労働者が協議して合意し、用人単位と労働者が労働契約書に署名又は押印することを通じてその効力を発生する。労働契約書は用人単位と労働者が一部ずつ持つ。
[144] 全国人民代表大会常務委員会法制工作委員会行政法室編著、童衛東その他『中華人民共和国労働契約法解読と事例』人民出版社 2013 年版 90 頁。全国人民代表大会常務委員会法制工作委員会行政法室編著、信春鷹その他『中華人民共和国労働契約法趣旨解読』法律出版社 2007 年版 25 頁。

を満たしたが、予定される法的効果（労働関係の成立）は発生しない。したがって、労働契約法第 7 条と第 10 条によって確立された「就労によって労働関係を成立させる規定」は、同法第 16 条規定の労働契約効力発生制度を空洞化させ、「効力発生」という単語の対象がなくなり、法律行為に関する一般的な理解に矛盾することになる。そして、政府解釈において、労働契約の効力発生は、一般契約の成立とは実質的に同じ効果を持つ[145]。このような理解は、契約の成立と契約の効力発生を混同したものである。労働契約法には、中国の法秩序の下で既に確立された法律行為制度と契約の成立や効力発生制度を打ち捨て、独自のルールを作り出すことに[146]正当な理由があるかに関して、説得力のある解釈がまだ見当たらない。したがって、労働契約法第 7 条と第１０条第３項の文言を、「書面で労働契約を締結することは、同時に労働契約を成立させることではない」と理解すると、同法第１６条が空洞化され、同一の法的行為の効力に対して、異なる評価を出すことになり、いわゆる「法律体系に反する」問題が顕在化する[147]。

(4) 「就労によって労働関係を成立させる規定」の立法目的

「就労によって労働関係を成立させる規定」の誕生は、労働契約法立法時の社会背景と深く関係している。したがって、当時の立法者の意図と立法目的を探求することで、ある程度、本規定の誕生した理由が解明される。実際、労働法が施行された後、用人単位が労働者と書面で労働契約を締結せず、双方当事者の労働関係が裁判所に認められず、労働者の合法的な権利・利益が保障されないという「事実労働関係」問題が多発し、それを解決するために、前述した規定が打ち出された。

立法時に立法機構が公表した意見徴収草案とその後の変化を見ると、基本的に立法者が「就労によって労働関係を成立させる規定」を作ったのは、当時広く注目されていた「労働契約を書面で締結しないことによって引き起こされる、労働関係認定困難問題」に対処するためである。現行法第 7 条と第 10 条は、草案（第 1 回審議案）第 9 条をその前身とするが、草案第 9 条によると、労働関係が既に存在しているが[148]、用人単位と労働者が書面で労働契約を締結しない場合、労働者が別途意思表示をした場合を除き、用人単位と労働者が既に期間の定めのない労働契約を締結したとみなし、速やかに書面での労働契約締結手続を完遂しなければならない。当時の労働・社会保障部部長が 2005 年 12 月 24 日に第十回全国人民代表大会常務委員会第 19 回会議で行った「中華人民共和国労働契約法（草案）に対する説明」によると、同案第 9 条の規定目的は、「一部の用人単位が労働者と書面での契約締結を行おうとしない問題」を解決するためであり、労働関

---

[145] 王沢鑑『債法原理』北京大学出版社 2007 年版 180 頁。
[146] 王軼「民法価値判断問題の実態性論証規則――中国民法学の学術実践を背景に」中国社会科学 2004 年第 6 期。
[147] 中国法上の法律欠陥の理解と処理に関して、崔建遠「中国民法の欠陥とその補填」吉林大学社会科学学報 1995 年第 1 期。
[148] ここでいう「労働関係がすでに存在している」とは、「すでに実際に就労し始めた」と理解すべきである。楊景宇、信春鷹その他『中華人民共和国労働契約法趣旨解読』法律出版社 2007 年版 25 頁。

係は存在しているが、双方当事者が書面で労働契約を締結していない場合、労働者が別途意思表示をした場合を除き、双方当事者が期間の定めのない労働契約を締結したとみなし、速やかに書面での労働契約締結手続を完遂しなければならないとしている[149]。

それに対して、「就労によって労働関係を成立させる規定」は第3回審議案の際に加えられ、同案第7条によると、用人単位が労働者を利用する日から、労働者との労働関係が成立する。そして、第10条は、用人単位と労働者が、労働者を利用する前に労働契約を締結した場合、労働関係は労働者を利用する日から成立する。その後の草案では、これらの規定は変更されなかった[150]。

また、中国立法機構が出した条文解釈書において、立法時に規制しようとする問題は、「労働者を利用しながら、書面で労働契約を締結しない」という「事実労働関係」問題であることが明確にされた。

労働契約法第7条によって確立された規定は、労働者の合法的な権利・利益を保護し、実務上の複雑な状況に対応するためであり[151]、本条文によって解決しようとする問題は、実務上争点とされる「事実労働関係」であると立法者が想定している[152]。すなわち、労働契約制度の実施状況が芳しくなく、多くの労働者が実際に労務を提供しているが、用人単位と書面で労働契約を締結していないため、労働関係が存在すると認定できず、労働者の権利と利益が保障されないという現実問題が労働契約法第7条の対処対象となる。この規定によって、従前の実務上の事実労働関係に対する理解が否定された。裁判所にとって、労働者が書面で労働契約を締結していないからといって、その保護を疎かにしてはならない[153]。そして、同規則の適用範囲に関して、既に書面で労働契約を締結したが、労働者をまだ利用していない場合は含まれないと立法機構が解している。

一方、「就労によって労働関係を成立させる規定」は、「労働者を利用しながら、労働契約を書面で締結していない」場合に限って理解・適用すべきであるという観点は、労働契約法の立法に関わった学者たちの観点の中にも反映されている。例えば、常凱教授は、中国労働契約法第10条、同法第1回審議案第9条が解決しようとしているのは、「事実労働関係」の効力問題、すなわち書面で労働契約を締結していない場合の当事者双方の権利、義務、責任問題であるとした。そして、前述した規定は「書面形式が労働法律関係の実質

---

[149] 田成平「中華人民共和国労働契約法（草案）に対する説明」
http://www.npc.gov.cn/wxzl/gongbao/2006-05/17/content_5350160.htm
[150] 中国労働契約法（草案）の4つの審議案の比較に関して、鄭功成、程延園その他『中華人民共和国労働契約法解釈と事例分析』人民出版社2007年版329～400頁。
[151] 楊景宇、信春鷹その他『中華人民共和国労働契約法趣旨解読』法律出版社2007年版30頁。
[152] 労働部「中華人民共和国労働契約法の施行に関する若干問題の意見」通知第2条によると、「中国国内の企業、個体経済組織と労働者の間に、労働関係が成立し、すなわち労働者が事実上企業、個体経済組織の一員となり、それに有償労働を提供する場合、労働法が適用される」。最高人民法院「労働争議事件適用法律に関する若干問題の解釈」（法釈［2001］14号）第1条第2項によると、「（労働者と用人単位の間に発生した以下の紛争は、労働法第2条に規定される労働争議に属し、当事者が労働争議仲裁委員会の裁定に不服とし、裁判所に起訴した場合、裁判所は）労働者と用人単位の間に書面で労働契約を締結することはないが、すでに労働関係を形成した後に発生した紛争を受理すべきである」。
[153] 楊景宇、信春鷹その他『中華人民共和国労働契約法趣旨解読』法律出版社2007年版25頁。

的要件ではない」ことを明確化し、「労働関係が成立した後[154]、用人単位が書面で労働契約を締結しなかった場合、労働者を利用し始めてから1ヶ月以内に書面で労働契約を締結すべきことを規定したのは、労働契約法草案の大いなる進歩である」と述べている[155]。董保華教授も、中国労働契約法第10条第2項の規定は、「1ヶ月以内の事実労働関係は有効であるだけでなく、瑕疵もない」ことを明らかにし、「徹底的に考え方を転換し、事実労働関係に有効な地位を与えた」とした[156]。これらの立法に関与した学者の理解によると、事実労働関係とは、「実際に労働者を利用しているが、書面で労働契約を締結していない場合」の問題である。

　したがって、立法者が中国労働契約法を立法する際、第7条と第10条において、新たに「就労によって労働関係を成立させる規定」を加えたのは、中国労働法実施後に出現した「労働契約書のみを認定し、労働者が労務を提供する事実を認定対象としない」という極端な現象を解決するためであり、当時の労働契約締結率の低さに鑑みて[157]、労働者が労働関係の存在を証明するための労働契約書を提出できない場合、補助的な証明手段を与えた。すなわち、用人単位で労務を提供したことを立証できれば、書面で労働契約を締結しなかったとしても、労働関係の存在を証明し、労働法上の保護を獲得することができる。実際、立法者が書面労働契約による労働関係の証明と保障機能を重要視していることは、労働契約法の他の条文にも体現されている。例えば、第10条第2項[158]と第82条は、先に労働者を就労させた場合、1ヶ月以内に書面で労働契約を締結するとし、書面で労働契約を締結しない場合、賃金の2倍に相当する金額の罰金を科すこと[159]等を規定した。また、第81条は書面での労働契約交付を規定し[160]、第74条は書面での労働

---

[154] ここで引用されるのは常凱教授の文章である。筆者の見解によると、常凱教授の言う「労働関係の成立」とは、「実際に就労行為が発生したこと」を指す。常凱その他『労働契約立法理論難点解析』中国労働社会保障出版社2007年版75頁。
[155] 常凱その他『労働契約立法理論難点解析』中国労働社会保障出版社2007年版75頁。その他似たような観点として、黎建飛その他『労働契約法焦点、難点、疑問点問題解析』中国法制出版社2007年版53～60頁。劉俊「労働契約法が事実労働関係に対する実務上の疑惑を解決すべきである」中国労働2007年第5期。
[156] その他に注意すべきなのは、董保華教授が事実労働関係を6種類に分けているが、そのうちの1種類、すなわち「用人単位が労働者と労働関係を成立させる際に、国家関連規定にしたがって労働契約を締結しなかった」場合のみが、労働契約の締結と関連することである。筆者の理解によると、ここで言う「労働関係を成立させる」ことは、「就労」と同じ意味で使われている。董保華『労働契約立法の争議と思考』上海人民出版社2010年版460、484頁。他の学者も、事実労働関係の定義や具体的な類型に関する検討をしているが、事実労働関係が発生する前提は、合法かつ有効な労働契約が締結されていないことであると理解される。それに対して、書面で労働契約が締結されたが、労働者を利用する（就労）行為がないという情況は、事実労働関係と解されていない。鄭尚元『労働契約法の制度と理念』中国政法大学出版社2008年版124頁。
[157] この結論は全国人民代表大会常務委員会が中国労働契約法を立法・論証する際、全国範囲で中国労働法の実施状況を調査した後に出された。何魯麗「全国人民代表大会常務委員会法律実施検査組による中華人民共和国労働法実施状況検査報告——2005年12月28日第10回全国人民代表大会常務委員会第19回会議において」中華人民共和国全国人民代表大会常務委員会広報2006年第1期。
[158] 中国労働契約法10条2項
　すでに労働契約を成立させているが、同時に書面で労働契約を締結しなかった場合、就労開始日から1ヶ月以内に書面で労働契約を締結すべきである。
[159] 中国労働契約法82条
　用人単位が労働者を利用する日から1ヶ月を超え、1年間に満たない間に労働者と書面で労働契約を締結しなかった場合、労働者に毎月2倍の賃金を支払うべきである。
[160] 中国労働契約法81条

契約締結状況に対する労働監察を規定した[161]。これらの規定は労働関係が存在する証拠として、労働契約書が就労より優先されるとし、労働契約書が労働関係に明確性と信頼性をもたらすことを現している。しかし、立法者のこれらの意図は必ずしも条文の文言に反映されているとは限らない。例えば、前述した第7条と第10条による「就労によって労働関係を成立させる規定」は、労働者が書面で労働契約を締結していないが、実際に労務を提供した場合だけでなく、労働契約を書面で締結したが、同時に労務給付がなされなかったという労働者を保護する必要のない場合も適用対象としており、労働者が書面で労働契約を締結したが、逆に労働関係を成立させることができないという矛盾した状況が生まれ、前述した実定法秩序にも欠陥が生じた。

(5) 「就労によって労働関係を成立させる規定」の修正：目的による限定解釈

前述した中国法の労働関係成立規定の欠陥は、規定の文言が意図した適用範囲を超えたものである。労働契約法の改正が当面望めない以上、目的に則ってその適用範囲を制限するように解釈するしかない。具体的には、関連条文を解釈する際、その適用範囲を制限する文言を書き加えた上で、「書面で労働契約を締結する前に、既に就労が発生した場合、労働関係は就労開始日に成立する」とし、それによって、実際の就労が開始する前に、書面で労働契約が締結された場合は、自動的に当該規定の適用範囲から排除され、規定の本来の趣旨がより精確に表現されることになる。

長期的に見ると、やはり成文法の中の欠陥をそのままにしておく訳にはいかない。したがって、法改正の際に条文の文言を修正するのは、より根本的な解決策になる。就労によって労働関係を成立させる規則は、労働者を利用しているが、労働契約を書面で締結していないという特定の場面に限って適用すべきであり、労働関係を成立させる一般的な規定ではない。したがって、第2章の冒頭にこのような条文を置くべきではなく、これを第10条第2項にし、書面で労働契約を締結することによって労働関係を成立させることの例外規定と位置づけ、同時に現行法の第10条第3項を削除する。前述した修正をした結果、労働関係の成立に関する規定は、「労働関係を成立させるためには、書面で労働契約を締結すべきである。既に労働関係を成立させ、同時に書面で労働契約を締結しなかった場合、労働関係は就労開始日から成立し、双方当事者は就労開始日から1ヶ月以内に書面で労働契約を締結すべきである」となる。

目的による限定解釈をし、「就労によって労働関係を成立させる規定」の適用範囲を、

用人単位が交付する労働契約書に、本法律が規定した労働契約必須条項を記載しなかった、または用人単位が労働契約書を労働者に交付しなかった場合、行政部門が改正を促すことにする。労働者に損害をもたらす場合、賠償責任を負うべきである。

[161] 中国労働契約法第74条
県レベル以上の地方人民政府労働行政部門が法律に沿って、以下の労働契約制度の実施情況を監督・検査する。①用人単位が直接、労働者自身の利益に関わる規定・制度を制定する情況、並びにその実施情況、②用人単位が労働者と労働契約を締結・解除する情況、③派遣元、派遣先の労働者派遣関連規定の遵守情況、④用人単位の労働者労働時間と休憩・休暇規定の遵守状況、⑤用人単位の労働契約上約定した労働報酬の支払状況と最低賃金基準遵守情況、⑥用人単位が社会保険に参加し、社会保険料を納付する情況、⑦法律・法規が規定したその他の労働監察事項。

「労務を実際に提供しているが、書面で労働契約を締結していない」場合に限定することで、より精確に労働関係の当事者に保護を与えると同時に、中国の労働関係規定を、改めて当事者の合意を中心とする方向に戻らせることができる。労働関係成立問題における就労の役割を労働契約書に返すことによって、労働契約法が契約法であること、労働者と用人単位の労働関係の成立問題における意思自治が尊重されることが改めて強調される。ここでいう「尊重」とは、合意の実質的な内容への尊重だけではなく、当事者が合意の達成を証明するために選んだ手段をも尊重するものである。すなわち、就労によって労働関係の成立を認定される場合だけでなく、当事者が自発的に書面で労働契約を締結する場合も、労働者保護のために、労働関係の成立を認めるべきである。

　「就労説」にせよ、「労働合意説」にせよ、学説の議論の焦点は、労働契約と就労の、労働関係成立時点の計算問題における機能であり、当事者間の合意を現すという本来の機能に関する議論が少ない。そこで、労働契約法第7条と第10条の規定は、労働関係がいつから成立するかという問題を規制しているように見えるが、本当に規制すべき問題は、双方当事者による労働関係成立の合意がどのように証明されるべきかである。合意が効力を発生すると、労働関係も同時に成立するから、合意の成立が証明されれば、労働関係の成立問題も解決される。実際、この問題に関して、労働契約は一般的な契約と何の区別もなく、当事者の合意を体現する媒体として捉えることができる。就労と書面での労働契約は、厳格にいうと、共に契約に当たり、当事者の合意の達成を証明することができる。労働関係の開始時点を証明する際、両者は同じ役割を持ち、ケース・バイ・ケースで検討しないと、どちらかが優先されるべきとは言い難い。労務給付が先に行われ、書面で労働契約が締結されていない場合、就労開始をもって当事者が合意に達したと見るべきであり、労働関係も同時に成立すべきである。書面での労働契約が締結され、実際の就労が後に開始される場合、当事者が労働契約の締結日に労働関係を成立させる意思があると見るべきである。この場合、労務給付の内容が契約に定められているものと異なる場合、これを従前の合意に対する変更と理解し、労務給付が契約通りになされている場合、これを労働契約の履行と見ることができる。そこで、労働関係成立の時点を、統一的に「就労」開始時と定める必要はそもそもない[162]。そして、労働関係の成立に関して合意を達成したことを証明する際、就労と労働契約書はともに当事者意思自治の表現であるが、就労と比べて、書面での労働契約はその形態、内容がともに確かめられやすいため、相対的に弱い立場にある労働者を保護する目的を果たし、国家が労働力市

---

[162] 鄭尚元教授の「労働関係」という法的概念に対する意見が、筆者の観点と一致すると思われる。「労働関係と労働契約関係は同一学科の分析概念ではない…中国の法律価値観は、労働契約関係を成立させ、かつそれを様式化することである…労働契約締結後に必ず一種の社会関係を形成し、かつこの社会関係には権利・義務による拘束が与えられ、その中の権利義務の分配を分析することは必要である。これは労働法の仕事であるが、労働関係が健全であるかどうか、産業領域の労働関係が発達しているかどうかは、労働契約制度とかけ離れているといえる」。この話から見ると、鄭尚元教授も労働契約関係の他に「労働関係」という法的概念を導入するのは、重複する余計な構造と評価しているように見える。鄭尚元『労働契約法の制度と理念』中国政法大学出版社 2008年版 117～120頁。

場全体の状況をよりよく理解し、監督するために、独特な価値を持っている。そのため、当事者の合意を証明する際、実際の就労よりも、書面での労働契約締結がより立法者に好まれ、「労働契約法」の中で繰り返し強調される制度となった。労働契約法の中に、書面で締結された労働契約の効力に関する規定、労働契約書を就労開始後に改めて締結する規定、賃金の2倍の額を科する罰金規定等が規定され、書面での労働契約を強制するのは、書面での労働契約締結を保証するためである。当事者間の合意を、労働契約書によって、迅速かつ正確に証明することができる。それに対して、就労は書面での労働契約が存在しない時に、合意の存在を証明する「保険」に過ぎず、労働契約書が合意の存在を証明する際に持つ機能を全面的に代替することはできない。前述した限定解釈をした後、労働契約書には改めて合意の達成を象徴する機能が付与され、「当事者意思の尊重」というスローガンが初めて実現される。中国労働契約法を立法する際、書面での労働契約締結より、就労の合意達成証明機能を優先させることは、労働関係の成立問題について、意思自治の制度を破棄したに等しい。このような意思自治の撤廃は、中国立法者の立法目的でもなければ、許されるものでもない。

4. 中国の労働関係の内容判断規定

(1) 現在の中国の労働関係認定基準

中国労働法には、労働者の定義もなければ、労働契約の適用対象範囲を制限することで、間接的に労働者と労働関係の範囲を決めているわけでもない。しかし、中国の立法者は、部門規定の形式で、労働関係に従属性があるべきことを規定し、当事者の関係の中身を具体的に審査することで、労働関係が存在するかを判断している。

現在、中国の労働関係認定基準は、旧労働部・社会保障部（現在の人力資源・社会保障部）が公表した労働関係認定通知によって定められている。同通知第1条によると、「用人単位が労働者を採用し、書面で労働契約を締結していないが、以下の要件を同時に満たす場合、労働関係が成立する。
① 用人単位と労働者が法律・法規に規定された主体としての資格を有すること、
② 用人単位が法律によって、就業規則を制定し、それを労働者に適用し、労働者が用人単位の管理を受け、用人単位が指定した有償労働に従事すること、
③ 労働者が提供する労務は、用人単位の業務を構成すること」。

この規定は、改めて労働関係認定の要件を明確にし、司法実践において広く適用され、学者の間でも高く評価されている[163]。その後、労働契約法の立法過程において、立法者は草案の中で労働関係を以下のように定義しようとした。すなわち、「本法律にいう労働関

---

[163] 李海明「労働者の法的確定」林嘉その他『社会法評論』第5巻、中国人民大学出版社2011年版60頁。

係とは、用人単位が労働者をその一員として採用し、労働者が用人単位の管理の下で有償労働を提供することによってもたらされる権利義務関係である」[164]。この定義は「労働者が用人単位の管理下に置かれる」という中核となる特徴を強調し、「用人単位が彼をその一員とする」ことは、基本的に「労働者が使用者の組織に入る」に相当し、「有償労働」はまた、労働の有償性と職業性を強調したので、その判断基準はドイツの通説と基本的に一致している。しかし、労働契約法の正式な条文の中において、このような文言は削除された。そのため、現在、実務上まだ一般的に労働関係認定通知を適用している[165]。

(2) 中国の労働関係認定基準に対する評価

　労働関係認定通知で確立された労働関係認定基準の妥当性を評価する際にも、中国全体の労働法秩序と、関連規定が施行された当時の社会背景を考慮に入れるべきである。注意すべきなのは、通知が公表されたのは2005年であり、中国労働契約法の施行よりも早かった。したがって、通知の中の労働関係認定基準は、中国労働法によって確立された労働関係認定基準をベースとするものである。その上位法規範は、中国労働法第16条第2項の「労働関係を成立させるためには、労働契約を締結しなければならない」という規定である。したがって、労働関係認定通知の適用範囲は限られており、用人単位が労働者を採用したが、書面での労働契約を締結していない場合に限って、通知第1条が適用されることになる。中国労働法第16条の規定に照らして見ると判るが、労働関係認定通知が公表された時、中国の労働関係成立は、書面で労働契約が締結されたかどうかを基準にしていた。書面での労働契約が締結されていない場合に限って、当事者間に労働関係が存在するかどうかを判断するために、労働関係認定通知に挙げられる要件が審査対象となった。したがって、制定された当初、書面での労働契約がない場合に限って、労働関係成立の認定方法を明確にするために、労働関係認定通知が制定されたのである。規定の制定者は、労働関係を認定する基本基準——従属性を考慮に入れることなく、それに対する実務上の需要もなかった。すなわち、労働関係認定通知の制定者は、システム的に従属性規定を整理しなかったと思われる。そして、下位規定である労働関係認定通知が、上位法である中国労働法第16条を変更することができず、中国の労働法規制に採用されなかった従属性判断の基準を使って、労働契約を労働関係存在の主な判断基準とすることもできなかった。そして、労働関係認定通知が制定された後に施行された2007年中国労働契約法第7条と第10条第3項が、就労を労働関係の成立と存続の主な判断基準とし、労働関係の成立と存続は、もはや書面での労働契約に関係しないとすることを、労働関係認定通知の制定者たちが想定できるはずもなかった。通知第1条に挙げられている判断基準を検討する際、中国の労働法学者と実務家は自然にそれを「従属性判断基

---

[164] 全国人民代表大会常務委員会法制工作委員会行政法室『労働契約法（草案）参考』中国民主法制出版社2006年版3頁。常凱「労働契約法立法に関するいくつかの基本問題」当代法学2006年第6期33頁。
[165] 王倩「ドイツ法上の労働関係認定」暨南大学学報（哲学社会科学版）2017年第6期。

準」と理解している。しかし、「書面で労働契約が締結されていない」という通知第1条の前提条件、並びに書面での労働契約が締結されていない場合に限って、救済方法を提供するという本来の目的は無視された。そのため、中国の労働関係は従属性を判断基準にしているかどうか、そして、通知第1条を中国の従属性判断基準と理解してよいかどうか、ということに関して疑問はある。そして、通知第1条は中国労働法の中の労働関係成立規定に対する補足及び解釈規定として位置づけられるが、中国労働契約法によって、中国労働法の関連規定が根本から覆された場合（すなわち労働関係は書面での労働契約締結によって成立するか、就労によって成立するかという問題、本論文の第3節参照）、通知第1条には未だ合法性があるだろうか。その規定自体が上位法規制の実質的な廃止とともに、廃止されるべきではないだろうか。

　一歩退いて、労働関係認定通知の第1条を従属性判断基準を表現したものとして理解しよう。しかし、通知第1条の内容を具体的に見ると、その規定自身の合理性にも問題がある。規則第1の規定によると、用人単位と労働者は法律・法規に定められた主体としての資格を満たす必要がある。ここでいう「主体としての資格」をどのように理解すべきか、中国法において、それがどのような効果をもたらすかに関して、未だ広く受け入れられている解釈が存在しない。中国の学者は一般的に、主体としての資格を、用人単位が中国労働法第2条の規定に従って設立された「中華人民共和国国内の企業、自営業者」並びに「国家機構、事業組織、社会団体（及びそれと労働関係を成立させた労働者）」として理解している[166]。労働者の主体としての資格に関しては、中国法上何も規定されておらず、原則として、満16歳（特殊な業界は年齢制限が緩和される）以上であり、そして法律上規定されている定年退職年齢という年齢要件を満たせば良いとされている[167]。このような労働者と用人単位の主体としての資格を制限するやり方は、労働関係の当初の趣旨に反し、諸外国の立法例を見ても異例と言えよう。用人単位が法律によって設立されたかどうかは、経営資格を持つかどうかの問題であり、労働契約を締結し、労働関係を成立させる問題ではない。そうしないと、労働関係に関する法保護の範囲は不当に縮小される。多くの労働者は用人単位と実質的な労働関係を成立させているが、用人単位自身の理由で、法定の会社設立手続を完了させることができていない。これによって労働関係の存在を否定することは、労働者に対して不公平である。諸外国の立法例を見ると、このような制限を行うものはないが、中国はなぜこのような制限を課しているか、その理由は未だ判明していない。労働者の主体としての資格に対する制限が実務上引き起こした主な問題は2つある。すなわち、①学生が就職目的で「インターン」に参加するとき、労働関係が成立する可能性があるかどうか。②法定定年退職年齢を超える労働者が再就職する際、労働関係が成立するかどうか。この2つの場合は基本的に労

---

[166] 王全興『労働法（第三版）』法律出版社2008年版33頁。
[167] 林嘉その他『労働法と社会保障法』中国人民大学出版社2016年版58頁。

働関係の構成要件を満たしているが、多くの場合、年齢等の制限により、労働関係の存在が否定されている。このような処理が公平と言えるかどうかに関して、筆者は大きな疑問を抱いている[168]。

2つ目の基準として、「用人単位が法律にしたがって制定した就業規則が労働者に適用され、労働者が用人単位の労働管理を受け、用人単位が指定した有償労働に従事する」ことが挙げられる。そのうち、就業規則に関する規定は、組織的従属性を現すものであり、労働者が用人単位の組織に組み入れられ、用人単位の管理に服することを指すと一般的に思われる。就業規則が労働者に適用されることは、ある程度従属性の存在を証明できるが、中国労働関係の現状に照らしてみると、その意味は限られている。まず、就業規則は中国法上厳格にその形式と手続について制限されている。すなわち、中国労働契約法第4条を主とする検討、協議、公示等の要件[169]を満たして初めて、就業規則として認められる。しかし、実際に労働者が受ける用人単位からの指示は、就業規則に限られない。用人単位は往々にして電話、メール、チャットアプリ等を通じて指示を出している。これらの指示は要件を満たす就業規則ではないが、明確に従属性を現すことができる。また、用人単位は時々懲戒規定を従業員手帳等の規則に当たらない文書に記入するが、これらの文書をどのように評価すべきか。これらが就業規則として認められるかどうか。これらの問題は基準によっては答えられないものである。そもそも、多くの中小企業にとって、就業規則はその経営に必要とされることもなければ、実際に就業規則が作られることもない。その場合、統一的に労働関係が存在しないと認定してよいかどうかも問題である。したがって、「労働者に適用される就業規則の存在」という基準は、その適用範囲が狭く、中国の労働関係の利用状況にも合致しない。

最後の基準である「労働者が提供する労務は、用人単位の業務を構成する部分であること」に問題がある。「用人単位の業務を構成する部分」という表現は、本来英米法上の「他人に労働を提供する（part of the regular business of the employer）[170]」という基準であったはずであり、経済的従属性を現すものである。しかし、中国の場合、業務の範囲は企業の経営範囲に該当し、それに関して企業設立時に官庁に届出をしなければならず、かつそれを随意に変更することは認められない。したがって、ここでいう「業務

---

[168] ここでは詳しく検討しないが、詳細について、王倩「パートタイム労働者規定の欠陥とその整備——マック低賃金事件を例に」法学2007年第7期、林嘉「定年退職年齢の法理分析と制度構築」中国法学2015年第6期参照。
[169] 中国労働契約法第4条
　用人単位は法律に従って就業規則制度を設立・整備し、労働者が労働権利を享受し、労働義務を履行することを保障する。用人単位が労働報酬、労働時間、休息・休暇、労働安全衛生、保険福祉、職業訓練、労働紀律及び労務量の管理等、直接労働者の利益に関わる就業規則または重大な事項を制定・修正又は決定する場合、職員代表大会または全体職員に議論してもらい、意見案を提出させ、工会又は労働者代表と平等に交渉した上でこれを確定する。就業規則と重大事項決定の実施過程において、工会又は労働者がこれを不適切と思う場合、用人単位に具申し、協議を経て修正してもらう権利がある。用人単位は直接労働者の利益に関わる就業規則と重大事項の決定を公表し、又は労働者に告知する必要がある。
[170] See Robert N. Covington, *Employment Law in a nutshell*, 3rd edition, West Publishing Co, pp21-23.

を構成する部分」には「他人のため」という意味が表現されておらず、労働者の労務提供範囲が、用人単位の経営範囲と重なる部分があることのみが求められる。用人単位が労働者を雇い、経営範囲外の活動をさせる場合、用人単位の「業務を構成する部分」に属しないことを理由に、労働関係の成立を認められない可能性がある。そのような処理によって、様々な問題が引き起こされる。例えば、用人単位は警備員や清掃員を必要とするが、これらの業種は、用人単位の経営範囲と重なることはない。しかし、これらの業務に従事する者が企業のコントロールの下で労務を提供し、労働関係の特徴に適合していること否定することはできない。さらに、企業はその経営範囲を大部分の労働者の労務提供範囲と重ならないように変更することで、その労働関係を非労働関係に転換させ、アウトソーシングや労働者派遣に変更させることもできる[171]。

　もう一つ特筆すべき点は、3つの中国の労働関係認定基準をつないでいるのは、「及び」である。すなわち、同時に3つの要件をすべて満たさないと、労働関係として認められない。そのため、労働関係の認定範囲は更に狭められている。

(3)　小括

　前述した中国における労働関係認定基準に対する分析を見ると、現在中国の労働関係認定基準は、その上位法の実質的な廃止に伴い、有効性自体が疑問視されている。そして、その内容に関しても、関係のない要素が混ざったり（用人単位と労働者の主体としての資格要求）、具体的な表現と立法目的が一致しなかったり（業務を構成する部分に関する要求）、または実際の状況とかけ離れている（就業規則の適用）等の問題が指摘される。また、中国の労働関係認定基準は従属性を現す要素を十分に取り入れておらず、多くの従属性要件を現していると思われる文言（自ら労務を提供する必要があるかどうか、労働に必要な器材の提供とその所有権、経営リスクを負担するかどうか等）は、実定法上正式に認められるものではない。そのため、労働関係を認定するのが困難であり、その適用範囲は不当に制限されていると思われる。

---

[171] 中国最大のインターネット企業——アリババを例に挙げよう。その経営範囲には「電子ビジネス、オンライン決済、B2Bオンライン貿易市場とクラウド・コンピューティング業務」が含まれる。電子ビジネスの一環として、倉庫保管業務と配達業務は長い間、企業発展の礎とされてきたが、表面上、それが電子ビジネスの経営範囲内に入らないため、アリババは倉庫保管業の従業員と配達者と労働関係に入ることを拒んできた。それもその「軽資本化」手段の一つである。

第4節　シェアリング・エコノミーの下での中国の労働関係認定——その現在と未来

1．中国のシェアリング・エコノミーの下での典型的な就労形式——「滴滴専車」を例として

　アメリカのネットプラットフォーム就労に関する議論の多くが Uber という会社に関係していることと同様、中国のネットプラットフォーム就労に関する法律問題は、ネット配車サービス業界の大手企業である「滴滴専車」にまつわるものが多い。

(1)　「滴滴専車」の就労形態に対する分析

　滴滴専車等のネット配車サービスプラットフォームの運営形態に対して、既に全面的な分析が行われている。それを大まかに3つの形態に分けることができる。

① ネット配車アプリ運営企業が自ら運営車両を購入し、外部市場から直接運転手を雇う。その代表として、神州専車が挙げられる。中国では、これが B2C(Business-to-Customer) モード、または「自己所有車両＋直接雇用」形態という。

② ネット配車アプリ運営企業が自動車レンタル企業から運営用の自動車を借り入れ、自動車レンタル企業が派遣会社に対して、条件に適合する専車運転手を派遣するように依頼し、その上で、派遣会社と専車運転手が労働契約を締結する。このような形態は C2C (Customer-to-Customer) モード、または「レンタカー＋運転代行」形態と呼ばれる[172]。

③ 一部の免許を持つ人が自家用車を運営車両としてネット配車サービス事業に加盟し、兼職専車運転手になった。これを「社会車両加盟」形態という[173]。

　これらの運営形態の下で、専車運転手が労働法上の労働関係に入るかどうかを議論する際、労働者の生産力と用人単位の生産手段の組み合わせという本質的な特徴から離れてはいけないと思われる[174]。そして、労働者性と労働関係の認定を改めて考える必要があるのは、②の形態のみである。①に関しては[175]、自動車がプラットフォームに所有され、かつプラットフォームが直接労働者を雇うため、労働関係の認定に関しては、伝統的な輸送サービス業と何ら変わりはない。すなわち、当事者がネットプラットフォーム上でやり取りをするようになったといはいえ、ネットプラットフォームの生産手段と運転手の労働力が直接結合するという労働の本質が変わったわけではなく、専車運転手だ

---

[172] ここで注意すべきなのは、①と②は中国特有の形態であり、アメリカの Uber、Lyft やその他のネット配車プラットフォームには、プラットフォームが自ら自動車を購入する運営形態はない。中国とアメリカのネット配車問題を分析する際、この区別を無視した学説がある。王天玉「ネットプラットフォームに基づき労務を提供する労働関係の認定——e 運転代行に関する北京、上海、広州地方の裁判例を突破口として」法学 2016 年第 6 期参照。
[173] 張素鳳「「専車」運営中の非典型就労問題とその規範」『華東政法学報』2016 年第 6 期。
[174] 王全興『労働法（第 3 版）』法律出版社 2008 年 29 頁。王全興、王茜「中国ネット就労者労働関係の認定と権利・利益保護」法学 2018 年第 4 期。
[175] 一部の学者はこれを「重資産形態」と呼ぶ。班小輝「「シェアリング・エコノミー」の下での中国労働法保護対象の拡張——ネット配車の視点から」四川大学学報（哲学社会科学版）2017 年第 2 期 154 頁。

からといって、その労働者性は伝統的な労働者性認定基準の枠内で判断すれば良い。それに対して、③はいわゆる「兼職運転手」問題である。この場合、運転手には本職があり、労働時間以外の時間を利用してネット配車サービスに従事するか、通勤の際、ついでに便乗車サービスを提供するだけである。このような好意的、恩恵的な行為は、民法によって調整されるべきであり、労働者性認定の問題は存在しない。それに対して、学説上議論されている兼職問題に関しては、実は問題にならないと筆者は考える。中国労働契約法にいう「兼職」とは、労働者が他の用人単位と、伝統的な、専一的な労働関係を成立させる意思または行為であり、その場合に限って、本職とバッティングする可能性が生じる[176]。一方、労働時間以外の時間を利用して専車を運転する場合、運転手はネットプラットフォームと労働関係を成立させる意思がないため、労働者性認定の問題は生じない。

(2) 中国労働法の下での「レンタカー＋運転代行」形態の合法性

「レンタカー＋運転代行」形態の下で、配車アプリの運営企業は自動車レンタル企業から運営用車を借り入れ、自動車レンタル企業が派遣会社に対して、条件に適合する専車運転手を派遣するように依頼し、その上で、派遣会社と専車運転手が労働契約を締結する。

図表 4-1 「レンタカー＋運転代行」形態下の当事者関係

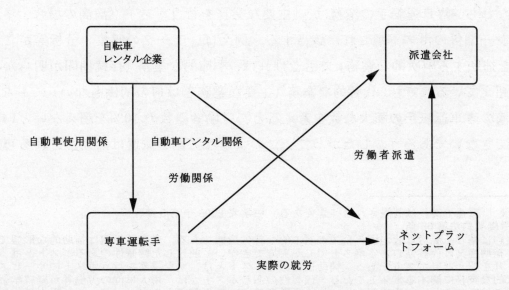

---

[176] 中国労働契約法は兼業を禁止したわけではなく、用人単位が労働契約を解約する場合として規定している。そして、これによって労働契約を解除するには、厳格な制限が課せられる。中国労働契約法第39条4項によると、労働者が同時に他の用人単位と労働関係を成立させ、本単位の業務完成に重大な支障をきたし、または用人単位が告げてもそれを改めない場合、用人単位が労働契約を解除できる。

４つの当事者が関わるこの法的構成において、労働関係が問題になるのは、専車運転手、派遣会社とネットプラットフォームの３者間の権利義務関係である。実務上、ネットプラットフォームは中国労働契約法の「特別規定」第２節に定められる労働者派遣の形式で、直接運転手と労働関係を成立させることを避けている。もっとも、このような意図的な法律の潜脱は、中国労働法上認められないと思われる。中国の労働立法の傾向として、労働者派遣の利用範囲は制限され、労働者派遣を利用するハードルは上げられている。このような背景の下で、労働者派遣を利用する際の合理性審査はますます厳格になる[177]。2012 年に中国労働契約法が改正されたが、その際、労働者派遣は補充的な就労形態であり、臨時的、補助的、または代替的なポストでしか利用できないとされた。臨時的なポストとは、存続期間が６ヶ月を超えないポストである。補助的なポストとは、主要な業務を行うポストを補助する副次的な業務を行うポストである。代替的なポストとは、用人単位の労働者が職業訓練や休暇等の理由によって就労できない一定期間内に、他の労働者によってその職務を代行できるポストである[178]。また、労働者派遣臨時規定第４条によると、用人単位は派遣労働者の人数を厳格に制限し、使用される派遣労働者の人数は使用される労働者の総人数の 10％を超えてはならない。現在、滴滴と労働者派遣会社の間に締結された「労働者派遣契約」はいずれの規定をも満たしていない。専車運転手が提供する運輸サービスは、滴滴（滴滴は自らを情報交換プラットフォームとネットテクノロジー関連企業と定義し、情報の交換とそれに関連する技術支援サービスしか提供しないと自称する[179]）の臨時的、補助的、または代替的な職務として認められない。すなわち、専車運転手の業務は、「主要な業務を行うポスト（滴滴の場合、ネットテクノロジー関係のポストがこれに該当する。例えば、データの収集・分析等がこれに当たる）を補助する副次的な業務」でもなければ、季節的な業務（存続期間が明らかに６ヶ月間を超えている）でも、代替的な業務（主要な業務とは何の関係もない）でもない。更に、滴滴の専車運転手の膨大な数を考えると、労働者総数の 10％を超えないという要求も達成できないであろう。したがって、このような労働者派遣は無効とされる可能性が

---

[177] 黎建飛「「派遣労働」は制限されるべきである」法学家 2005 年第５期。
[178] 中国労働契約法第 66 条
　労働契約に基づく就労は我が国の企業の基本的な就労形態である。労働者派遣は補助的な形態であり、臨時性、補助性又は代替性のあるポストでしか実施できない。前述した臨時性のあるポストとは、存続時間が６ヶ月を超えないポストである。補助性のあるポストとは、主な業務を行うポストにサービスを提供する副次的な業務に関するポストである。代替性のあるポストとは、用人単位の労働者が継続学習、休暇等の原因で就労できない一定期間内に、他の労働者によって代替できるポストである。用人単位は派遣労働者の数を厳格に制限し、就労者総数の一定割合を超えてはならない。具体的な割合は国務院労働行政部門に規定される。
[179] 例えば、滴滴のホームページに掲載されている「利用者サービス協定」の中に、「滴滴出行テクノロジー有限会社はあなたの移動需要と供給により、リアルタイムのオンライン・オフライン情報交換を通じ、オフライン資源をビッグデータ分析によって有効にマッチングさせ、多様化したネット配車サービスをあなたに提供する。」という記載がある。
https://www.didiglobal.com/read?file=//img-ys011.didistatic.com/static/didiglobal/do1_s7PleKUHa2wyhm3nqwt8&name=%E4%B8%93%E5%BF%AB%E8%B1%AA%E5%8D%8E%E8%BD%A6%E6%9C%8D%E5%8A%A1%E5%8D%8F%E8%AE%AE

高く、中国労働契約法第 92 条の罰則が適用される[180]。

2. 中国の立法と司法による対応

(1) 「ネット配車管理弁法」の公表とその評価

ネット配車プラットフォームの間で繰り返されてきた手当による客引き競争、交通事故の頻発、伝統的なタクシー業界との対抗並びに法律関係の紛争等に鑑みて、民衆の多様化した需要に対応し、タクシー業界とネット配車サービスが融合しながら発展を遂げ、ネット配車サービスを規範化させ、その運営の安全性と乗客の権利・利益を保障するために、中国交通運輸部、工業・情報化部等の 7 つの部門が連名で 2016 年 7 月 27 日にネット配車管理弁法を公表し、2016 年 11 月 1 日から施行した[181]。

弁法の特徴となる条文は、第 4 章に集中している。そこで、ネット配車プラットフォーム企業（ネットプラットフォーム）の性質、その法的地位と運転手の間の（推奨される）法的関係が明らかにされた。関連する条項は、運転手とネットプラットフォームの間に労働関係が成立するかどうかに対して、重大な影響を及ぼしうる。

第一に、同弁法はネット配車プラットフォームと運転手がネット配車サービスに従事するための資格と条件を明らかにした。

弁法第 5 条によると、ネット配車サービスを運営するネット配車プラットフォーム企業には、オンラインとオフラインでのサービス提供能力を持ち、更に以下の条件を満たす必要がある。

① 企業法人としての資格を有すること。
② ネット予約タクシーを運営するためのプラットフォームと、展開しようとする業務に適応する情報データ交換と処理能力を有し、交通、通信、公安、税務、ネット信用等、関連する監督部門が法律に基づき、関連するネットデータ情報を検索するための条件を備えており、ネットサービスプラットフォームのデータベースがタクシー行政主管部門の監督管理プラットフォームに接続し、サーバーが中国大陸に設置され、規定を満たすネット安全管理制度と安全保護技術措置を有すること。
③ 電子決済を利用する場合、銀行、非銀行決済機構と決済サービス提供協定を締結すること。
④ 経営管理制度、安全生産管理制度とサービスの品質の保証制度を整備すること。
⑤ サービス所在地において相応のサービス機構とサービス提供能力を有すること。

---

[180] 派遣元、派遣先が本法律の労働者派遣関連規定に違反する場合、労働行政部門が期限を決めて改正を命じる。期限が過ぎても改正しない場合、一人につき 5000 元～10000 元の基準で罰金を科し、派遣元の労働者派遣業務経営許可書を取り消す。派遣先が派遣労働者に損失をもたらした場合、派遣元と派遣先が連帯賠償責任を負う。
[181] 「ネット予約タクシー運営サービス管理暫行弁法」全文
http://zizhan.mot.gov.cn/zfxxgk/bnssj/zcfgs/201607/t20160728_2068633.html

⑥ 法律・法規が規定した他の要件。

第12条によると、ネット配車サービス運営に従事しようとする自動車は、以下の要件を満たさなければならない。

① 7人乗りまたはそれ以下の乗用車。

② 運転記録機能付きの車両。GPS位置情報提供追跡システム、応急警察通報システムを設置すること。

③ 車両技術性能が運営安全に関する基準と要求に適合すること。

車両の具体的な基準とその運営に対する要請は、関連するタクシー行政管理部門が、高品質なサービスを提供し、運営の差別化を図るという発展原則に従って、当地の実際状況に照らして確定する。

前述した規定は、プラットフォームと運転手がネット配車サービスの運営または労務給付に従事する際の要件を明らかにした。これらの規定は行政管理、とりわけプラットフォームと運転手の資質に対する審査と監督・管理を定めるものではあるが、中国の実定法秩序の下で、労働法にも影響が及ぼされる。労働関係の認定に関して、裁判所が労働関係認定通知第1条に定められた3要件を維持する場合、「弁法」第5条と第15条の規定は、労働関係認定要件の第1項に該当することになる。すなわち、「用人単位と労働者が法律・法規に規定される主体としての資格を有すること」。当該要件の中に、「用人単位」と「労働者」の主体としての資格も、弁法第5条と第15条におけるプラットフォームと運転手の主体としての資格要件に対応するものである。すなわち、プラットフォーム企業は企業法人としての資格を有し、「ネット配車サービス運営を展開するためのネットプラットフォームと、展開しようとする業務に適応する情報データ交換と処理能力を有し、交通、通信、公安、税務、ネット信用等関連する監督部門が法律に基づき関連するネットデータ情報を検索するための条件を備えており、…規定を満たすネット安全管理制度と安全保護技術措置を有する」場合、労働法上の用人単位に課される主体としての資格要求を満たすことになる。一方、運転手が7人乗りまたはそれ以下の乗用車を所有し、またはレンタルすること、運転記録機能付きの車両GPS位置情報提供追跡システム、応急警察通報システムを設置すること、車両技術性能が運営安全に関する基準と要求に適合すること等の要件を満たすと、労働法上の労働者としての主体資格要件を満たすことになる。更に分析すると、滴滴の「レンタカー＋運転代行」形態の下で、滴滴企業とネット配車運転手は、労働法にいう用人単位と労働者の「主体資格要件」を満たしているという結論が出される。

第二に、弁法がネット配車プラットフォーム企業の法的性質と法的立場を明らかにした。

弁法第2条によると、「本弁法でいうネットタクシー運営サービスとは、インターネット技術によってサービスプラットフォームを構築し、需給情報を整合させ、条件に適す

る車両と運転手を利用し、非巡遊的[182]な予約タクシーサービスの経営活動を提供することである。本弁法にいうネット予約タクシー経営者とは、ネットサービスプラットフォームを構築し、ネット予約タクシー運営サービスに従事する企業法人である」。弁法が公表される前に、滴滴等のプラットフォームが従事する業務の性質が、情報収集と交換サービスに該当するか（中国民法上の仲介行為に該当し、プラットフォームは契約の締結を促進する義務のみを負い、契約の成立、履行と不法行為に関するいかなる責任も負わない[183]）、それとも交通運輸サービスに該当するか（運転手が引き起こした交通事故に対し、プラットフォームが賠償責任を負う可能性があり、運転手との間に労働契約が成立する可能性がある等[184]）に関して議論があったが[185]、弁法第2条が、その議論に明確な答えを出した。すなわち、滴滴等のネット配車プラットフォームは、交通運輸に関するサービスに従事しており、いわゆる情報収集、交換と契約のマッチングサービスには従事していない[186]。ネット配車プラットフォームの法的立場（とりわけ中国契約法と不法行為法上の立場）に関しては、「ネット予約タクシープラットフォーマーが輸送責任者として責任を負い、運営の安全性を保証し、乗客の合法的な権利・利益を保障する」と弁法第16条が規定した。この規定は第2条に定められるネット配車プラットフォーム企業の法的性質を踏襲し、中国契約法と不法行為法上の「運輸請負人責任」を背負わせることにした。すなわち、本規定によって、プラットフォーム側が再三にわたって主張してきた「技術サービスのみを提供するため、運輸サービス提供者ではない」という観点が再び否定された。ネット配車プラットフォーム企業の法的性質と法的立場の明確化は、中国労働法上の労働関係認定にも重要な意義を有する。ネット配車プラットフォーム企業が従事するのが「ネット配車運営サービス」であり、「運輸請負人責任」を負うとすると、ネット配車運転手がプラットフォームからオーダーを受注し、顧客を目的地まで輸送すること、すなわち彼が従事した運転運輸業務が、労働関係認定通知第1条第3項の要件、すなわち「労働者が提供する労務は、用人単位の業務を構成すること」を満たしているかが問題となる。筆者から見ると、「レンタカー＋運転代行」形態は、間違いなくこの要件を満たしている。

　第三に、同弁法が「労働契約」と「労働関係」を、ネット配車プラットフォームと運転手の間で選択できる権利・義務関係の一つとして明確にした。

　弁法第18条によると、「ネット予約タクシープラットフォーマーはサービスを提供す

---

[182] 「巡遊」とは、乗客の指示によらずに、予め決められたルートを回ること。
[183] 張素鳳「労働者派遣中の労働関係とその紛争解決処理システム」牡丹江大学学報2014年第9期。
[184] 熊丙万「ネット配車の便乗車規制の新たな研究」『清華法学』2016年第2期。
[185] 争議の視点に関しては、王陽、彭博「ネット配車運営の就労者利用法律分析」中国労働2015年第17期。
[186] 蔡雄山、徐俊「ネット配車プラットフォームと運転手の関係が労働関係であるか？——アメリカカリフォルニア州Uber労働事件に基づく深入分析」
http://www.aiweibang.com/yuedu/57311161.html

る運転手が合法的な就労資格を有することを保証し、関連する法律・法規の規定により、就労時間、サービス頻度等の特徴によって、運転手と様々な形での就労契約または協定を締結し、双方の権利と義務を明確にする。ネット予約タクシープラットフォーマーは運転手の合法的な権利・利益を保護・保障し、法律・法規、職業道徳、サービス規範、安全運営等の面の職業訓練と日常教育を展開し、ネット上登録されている運転手と実際にサービスを提供する運転手が一致することを保証し、運転手の関連情報をサービス所在地タクシー行政主管部門に申告する」。文言からみると、弁法は確かにネット配車プラットフォームと運転手の間に、労働契約を締結し、労働関係を成立させることを明確に要求していない。「様々な形での就労契約または協定」という表現は、他の民法上の契約形態（協働契約、請負契約等）の合法性を明らかにし、双方当事者が協議する上で自主的に決めてもらうことを意図している。しかし、滴滴等のネットプラットフォームが労働契約を締結することなく、建前上の（違法となる可能性が極めて高い）「労働者派遣」を利用し、現行法上の労働関係規制を潜脱することが合法であると断定することはできない[187]。前述したように、中国の労働関係認定は、当事者間の表向きの約定ではなく、労働関係の実際の利用状況を基準としている。滴滴等のネット配車プラットフォームと運転手の間の権利義務関係が労働関係の要件を満たしていると、当事者間に他の類型の（労働契約以外の）契約を締結したとしても、労働仲裁委員会と裁判所は双方当事者の実際の権利・義務の情況に鑑みて、労働関係の存在を認定するであろう。前述した分析の通り、実務上の労働関係認定基準として、労働関係認定通知第1条の3要件のうち、滴滴等のネット配車プラットフォームは既に2つの要件を満たしている。第2の要件、すなわち「用人単位が法律によって、就業規則を制定し、それを労働者に適用し、労働者が用人単位の管理を受け、用人単位が指定した有償労働に従事する」ことに関してのみ、まだ実定法によって明確な結論が出されていない。しかし、プラットフォームと運転手の実際の権利・義務の情況や、プラットフォームの運営行為や中国の労働仲裁・裁判所が労働者を保護する態度を採っていること等を鑑みると、この要件を満たすことも難しくはない。運転手が事業に参加しようとする場合、滴滴等のプラットフォームは彼らに「サービス契約」等の締結を要求する。すなわち、滴滴が制定した「滴滴プラットフォームユーザー規則」を遵守し、その規制を受けることになる。これらの規則は、「就業規則」として認定される可能性が高い。そして、これらの規則により、滴滴はユーザーのアカウント利用状況を監督し、その利用を中止し、罰金等の処罰を科すことができる。これが「用人単位からの管理を受けること」として認定される可能性がある。「用人単位が指定した有償労働に従事すること」の認定は、更に容易である。運転手が滴滴からのオーダーを受注し、それを完遂した後、滴滴がまず顧客から支払われる乗車費用を全額受け取

---

[187] See Hui Yu, The Destiny of Web Platform Workers in China: Employees, Nothing or a "Third Option"?, *Japan Labor Issues*, vol.2, no.8, August-September 2018.

り、その「サービス料」を控除した後に運転手に支払う。また、運転手が締結した「労働者派遣契約」の中に、最低賃金を約束する場合もある。そこで、弁法18条規定と、中国の労働関係認定基準と実務上の慣例等に照らしてみると、滴滴等のプラットフォームは、運転手やその他の就労者の間に労働関係があると認定される可能性が極めて高い。

　弁法が中国交通運輸部等によって制定され、人力資源・社会保障部が参与しなかったこと、並びに弁法の主な目的は、ネット配車業界の経営、とりわけ参与資格問題を規範化することであるため、その労働法上の意義が学説上重要視されていない。しかし、前述したように、中国の実定法秩序の下で、あらゆる立法は各自の分野にのみ影響するのではなく、制度全体に広範な影響をもたらすことになる。弁法はプラットフォームと運転手の間の関係を法定することをその主な目的とすることなく、具体的な条文の中に特定の傾向を現すこともないが、ネット配車プラットフォームと運転手の主体としての資格に対する認定、ネット配車プラットフォームの法的性質と法的立場に対する規定は、いずれもある程度、ネット配車プラットフォームと運転手間の関係、ひいてはすべてのプラットフォーム就労関係の法的性質の認定に影響を与え、労働関係として認定させる可能性がある。

（2）　中国の裁判所によるネットプラットフォーム関連事件の判決とその考え方の整理――「e運転代行」事件から「閃送」事件まで

ア　「e運転代行」事件の紹介と分析

　中国で最も流行しているネット配車サービスに関して、裁判所は未だ労働関係の認定に関する典型的な裁判例を出していない。しかし、他のネット就労プラットフォームに関して、既に労働関係の認定に関する典型的な裁判例が出されている（中国の場合、労働関係の存在が確認されると、労働者に対する主な保護は、用人単位による社会保険料の納付[188]、労働契約解除制度による保護[189]、並びに労働契約解除や終了後に用人単位から獲得される経済補償金[190]である）。本節では、中国の理論と実務界に大きな反響をもたらしたネットプラットフォーム就労関係の裁判例を時系列で選び出し、分析する。そこから、ネットプラットフォーム就労関係の事件を審理する際の裁判所の考え方を整理した

---

[188] 中国労働法第72条
　　用人単位と労働者は法律に沿って社会保険に参加し、社会保険料を支払う。
[189] 中国労働契約法第39条
　　労働者に以下の状況がある場合、用人単位が労働契約を解除できる。
①試用期間内に採用条件を満たさないと証明された場合、
②用人単位の就業規則に著しく違反した場合、
③著しい職務怠慢、不正行為、用人単位に重大な損害をもたらした場合、
④労働者が同時に他の用人単位と労働関係を成立させ、本単位の業務完成に重大な支障をきたし、または用人単位が告げてもそれを改正しない場合、用人単位が労働契約を解除できる。
⑤本法律第26条第1項第1号の規定によって労働契約が無効になる場合。
⑥刑事責任を追求された場合。
[190] 労働契約法47条
　　経済補償金は労働者が本用人単位で働いた年数に基づき、満1年毎に1ヶ月の賃金を支払う基準で労働者に支払われる。6ヶ月以上1年未満の場合、1年として計算する。6ヶ月未満の場合、労働者に0.5ヶ月の賃金額の経済補償金を支払う。

上で、裁判所のネットプラットフォーム就労に対する態度の変化を分析する。

まず裁判所の注目を浴びたのは、運転代行とネットプラットフォームの間の就労の性質に関する事件である。2014年末から2015年初頭にかけて、北京市第一中級人民法院が、短期間で3件も運転代行とネットプラットフォーム（e運転代行）の間の労働関係存在確認に関して判決を出した。3件とも、結果として当事者間に労働関係が存在しないとされた[191]。「庄燕生和北京亿心宜行汽车技术开发服务有限公司（e-代驾）劳动争议（庄燕生 VS 北京億心宜行自動車技術開発サービス有限会社（e運転代行）労働紛争）」の事案において、運転代行の庄燕生（以下、X1 という）の主張は以下のようになる。「X1 は運転代行者として、制服とバッジを身につけ、e運転代行の従業員として、e運転代行の名義で定められた基準の料金を利用者から受領し、他の規定により、e運転代行の利用者にサービスを提供しなければならない。億心宜行会社（以下、Y1 という）は制服を着用しなかったことを理由として、500元の罰金をX1に科したことがある。この事実は、Y1が私に監督権と処分権を行使したことを証明する。双方は管理する側と管理される側、懲罰を科す側と懲罰を科される側であり、人的従属性を有する。」X1 の上記主張に対し、Y1 は第一審口頭弁論の際、以下のように反論した。「X1 は確かに制服とバッジを着用したが、それらは形式上のものであり、実質的には、給料を支払ったかどうか、使用形態、報酬の獲得方法等を見なければならない。制服の着用は、運転代行者のイメージ向上に寄与するものであり、これは協働契約に沿った履行である。実際、X1 には、顧客を乗せるかどうかを選択する権利がある。X1 も柔軟性があると認めたが、それは X1 が家にいながら受注することができるからである。X1 には固定された労働時間がなく、アプリを開くかどうか、受注するかどうかは自由に決められる。我々は情報のみを提供し、X1 は情報によって、顧客と契約を結ぶかどうかを選択する。このような関係は、労働関係ではない」。北京市の一審と二審裁判所はともに、X1 は Y1 との間に労働関係が存在することを証明する十分な証拠を提供することができなかったとした。したがって、労働関係に基づく X1 の各請求は、事実根拠と法的根拠を欠くため、認められないとした[192]。そして、北京市第一中級人民法院は同じ理由で、他の2名の運転代行者の労働関係存在確認請求も棄却した[193]。

「e運転代行」事件の判決書から、北京市第一中級人民法院のネットプラットフォーム就労の場合の労働関係存在確認事件に対する考え方をまとめることができる。労働関係の認定基準として、労働関係認定通知第1条によって確立された3つの要件がそのまま

---

[191] （2014）一中民終字第6355号民事判決書、（2015）一中民終字第01359号民事判決書、（2015）一中民終字第176号民事判決書参照。
[192] （2014）一中民終字第6355号民事判決書参照。
[193] 「孙有良与北京亿心宜行汽车技术开发服务有限公司劳动争议民事二审判决书」（2015）一中民終字第176号、「王哲拴与北京亿心宜行汽车技术开发服务有限公司劳动争议民事二审判决书」（2015）一中民終字第01359号民事判決書参照。

適用されている。しかし、労働関係の存在を確認する際、各要件の重要性は異なっている。「本件の主要な事実からみると、X1 には固定した就労場所がなく、労働時間は自由に決められる。そして、X1 は月給制の下で Y1 から労働報酬を受領するわけではない。運転代行業界の特徴と本件における X1 と Y1 の間に締結された e 運転代行運転手協働契約の内容を総合的に見ると、X1 と Y1 の間に労働関係は存在しない。したがって、X1 が Y1 との間に労働関係が存在することを前提に提起した訴訟請求は、事実根拠と法的根拠を欠くため、本裁判所はそれを支持しない」。したがって、裁判所が重要視するのは、「固定した就労場所があるかどうか」、「労働時間が自由に決められるかどうか」、「月給制の下で労働報酬を受領するかどうか」である。それに対して、「統一した制服とバッジを着用すること」、「e 運転代行からオーダーを受注し、オーダーごとに報酬を受領すること」、「e 運転代行には運転手を懲戒し、監督する権利があること」等，他の労働関係の特徴を反映する要素に対して、裁判所はそれを評価しなかった。

　一方、運転代行者とプラットフォーム間の法律関係に関して、上海市の裁判所は異なる見解を持っている。「陶新国诉北京亿心宜行汽车技术开发服务有限公司等机动车交通事故責任纠纷案[194]（陶新国 VS 北京億心宜行自動車技術開発サービス有限会社等自動車交通事故責任紛争事件）」において、上海市浦東新区人民法院が、運転代行者と e 運転代行の間の関係を判断する際（ここで注意すべきなのは、本件は運転代行者が交通事故に遭い、第三者を怪我させた損害賠償事件であり、「雇い主の責任」が問題になる。代行運転手が直接、労働関係の存在確認を請求する事件ではない。）、以下のような判断をした。

　「事件当時の状況から見ると、被告趙鵬（運転手、以下、Y2 という）が億心宜行会社（以下、Y3 という）のメールを受信し、運転代行サービスに従事するよう求められた。そして、運転代行サービス確認書を見ると、運転代行サービス契約は被告魯能上海子会社と Y3 の間で締結され、Y2 は契約の当事者ではない。そのため、Y2 の運転代行行為は、Y3 の指示を受け、契約を履行するために行われた特定の行為である。また、Y2 と Y3 の約定を見ると、Y2 は Y3 に選考され、認められた運転代行者である。運転代行サービスを提供する際、Y2 は Y3 に定められた制度や規範を遵守し、会社から統一的に配布された制服とバッジを着用しなければならない。したがって、Y2 は労働時間中に Y3 の管理を受けているといえる。また、Y2 は Y3 に定められた基準で費用を徴収し、運転代行費用に関して、Y2 自身が交渉・決定権を持たない。Y2 はただ労務を提供する代わりに、報酬を獲得する。最後に、雇用関係の特徴から見ると、雇用関係とは、片方の当事者が特定・非特定の期間内に、相手方当事者に特定、または非特定の労務を提供し、かつ相手方当事者の手配・指揮を受け、そのかわりに労働報酬を獲得する法律関係である。その本質的な特徴は、片方当事者が相手方から管理を受け、相手方に労務を提供し、対価としての報酬

---

[194] （2014）浦民一（民）初字第 37776 号民事判決書。

を獲得することである。Y2 と Y3 の関係は雇用関係の一般的な特徴を満たしており、双方当事者の関係は雇用関係であると認められる。したがって、Y2 が職務を履行する途中に事故に遭い、その行為は職務行為と認められる。法律規定によると、従業員が雇用活動に従事する際、他人に損害をもたらした場合、雇用主が賠償責任を負うべきである。したがって、X2 の損失に関して、保険賠償範囲を超える部分は、Y3 が職務関係に基づき賠償責任を負うことになる。それに対して、Y3 は Y2 との関係が協働関係であると抗弁するが、契約の内容から見ると、Y2 は労働のみをもって報酬と交換し、Y3 の運営にリスクを負うこともなければ、労働報酬以外の利益を享受することもない。その実質は雇用である。故に、Y3 の抗弁に対して、これを認めないことにする」。

上海の裁判例の判旨部分を見ると、e 運転代行というネットプラットフォームからオーダーを受け、運転代行行為を行うという事実に対して、北京市の裁判所とは異なる法的評価がなされたということが判る。その結論が正反対のものになっているだけではなく、重要視される判断要素も著しく異なる。北京の裁判所は「固定した就業場所があるかどうか」、「労働時間を自由に決められるかどうか」、「月ごとに労働報酬をもらっているかどうか」等の判断要素を重要視しているが、上海の裁判所は、「統一した制服やバッジを着用するかどうか」、「Y3 に定められた制度や規範を遵守しなければならないかどうか」等の行為を主な考慮要素にした。また、北京の裁判所は、「月ごとに報酬をもらっていないこと」を労働関係の存在を否定する要素として位置づけたが、上海の裁判所はそれを判断基準とせずに、費用徴収の基準は誰が決めるか、運転代行者は関連費用に関して交渉・決定権を持っているかどうかを、より重要視している。北京と上海の裁判例を比較すると、上海のほうが、労働関係認定問題に関してより緻密に論理を構成しており、より労働関係認定通知第 1 条に確立された基準に合致していると思われる。それに対して、北京の裁判例は、なぜ運転代行者側の主張を採用しなかったのかに関する説明がなく、就業規則の適用や管理監督を受ける等の要素も考慮に入れられていない。

イ 「好厨師」事件の紹介と分析

「e 運転代行」事件という中国のネットプラットフォーム労働関係認定に関する初めての裁判例が出された後、「好厨師」事件判決が出され、再度ネットプラットフォーム労働関係認定問題が注目の的となった。「张琦与上海乐快信息技术有限公司劳动争议（張琦 VS 上海楽快情報技術有限会社労働紛争）」事件において、原告張琦（以下、X3 という）はシェフであり、2015 年 6 月 3 日にオンライン予約出張料理サービスに従事するために、被告である楽快情報技術有限会社（以下、Y4 という）と協働契約を締結した。協働契約において、X3 がその身分情報、連絡方法等の個人情報を Y4 に提供し、Y4 が自社の「好厨師」アプリにこれをアップロードする。Y4 はネットプラットフォームを通じて、X3 の料理技術を宣伝し、顧客予約サービスを提供する。顧客はネットプラットフォームを通じて X3 に出張料理予約をし、X3 は顧客の指定した時間帯にサービス提供地に到着し、顧

客に料理サービスを提供する。X3が顧客に料理サービスを提供する際の便宜を図るため、Y4はX3に料理器具レンタルサービスを提供する。X3の道具レンタル費用を算出するため、Y4はレンタル登録制度を作り、X3は登録手続をした。料理道具を紛失または破損した場合、X3は賠償責任を負う。その他、双方当事者が約束した収益の分け方は以下のようになる。①顧客が「好厨師」のネットプラットフォームを通してX3を指名予約した出張料理サービスをX3が引き受ける場合、サービス料は100％、X3が獲得する。②Y4が指定した他の出張料理サービスをX3が引き受ける場合、サービス料はX3とY4が50％ずつ獲得する。そして、X3が指定された出張料理サービスに従事するための費用はY4がカバーする。実際、Y4は予め一律5000元をX3に支払い、サービス提供後に精算する。③X3が時間どおりに指定されたサービス提供地に到着できなかった場合、またはそのサービスに関して顧客から苦情が申し立てられた場合、Y4はX3の考課点数を減らし、懲戒する権利がある。顧客からの悪評価または苦情が一定数に達した場合、Y4はX3との協働関係を解除し、損失賠償を請求する権利がある。そして、双方当事者は「協働契約」の中で、「本契約が商取引に関する契約であり、X3はY4に指揮監督されることはない。双方当事者には、従属関係がなく、X3がその労務成果に対して相応の責任を負う。双方当事者間に、労働関係が存在しないことをX3が認める」ことを確認・強調した。一方、裁判所の調査によると、Y4が他の労働紛争事件において、「好厨師は新型ネットプラットフォームであり、その目的は中国一流のオンライン予約出張料理プラットフォームを樹立し、中国ネット飲食業界のトップになることである」と書いてある資料の真実性を認めた。Y4の創業者がマスコミからのインタビューを受ける際に、「好厨師の下でサービスを提供する料理人は約320人おり、彼ら全員が会社によってフルタイムで雇われている」と述べた。そして、「入職と同時に各社会保険に加入させたこと、法定休日、結婚休暇、産休、病休、介護休暇、有給休暇等を享受すること、賃金待遇が良く、昇給が早いこと」等の人事制度関連情報が公開されている。

　双方当事者間に労働関係が成立するかどうかに関して、X3は以下のように主張する。「（Y4の要求によって）毎日午前10時に、従業員を管理するオフィスに打刻しなければならず、午後6時半もそこに行って打刻する必要がある。遅刻する場合、報酬が引かれるため、会社の管理を受けているといえる。仕事は会社から指定され、ほぼ毎日出張料理業務がある。出張料理サービスを提供する場合、食材は原則として顧客から提供され、通常使われないものは料理人が持参する。そして、出張料理業務がない場合、会社のリュックを背負って街に行き、宣伝をしなければならない。」そこで、X3は、このような表面上の「協働契約」は実質的には労働関係であると主張する。これに対して、「いわゆる「打刻行為」というのは、料理人にオーダーを分配し、食材を供給する行為でしかない。オーダーを引き受けるかどうかは料理人本人が決定でき Y4 の管理を受けることはない」として、Y4が抗弁を行った。そして、料理人が分配されたオーダーを引き受けない場合、

会社から処罰されることを否認したが、後にX3の立証によって覆された。

担当裁判所である北京市第三中級人民法院によると、「労働関係の成立にあたって、双方当事者の意思自治を尊重することはもちろん重要である。しかし、一般的な民事・商事法律関係とは異なり、労働関係の中では、当事者の意思自治は労働法、労働契約法等の法規、並びに労働行政部門が公表した規範によって厳格に制限される。労働関係が成立するかどうかは、強行性のある規範によって認定される事項であり、当事者の書面での約定だけで労働関係の成立可能性を否定することはできず、双方当事者の「協働」の態様と、就労者の具体的な労務内容によって判断される……Y4がX3に業務を指定し、奨励または懲罰すること、毎月X3に一定額の報酬を支払うこと、X3がY4の労務管理を受けること、X3がY4に指定された就労場所で、Y4を代表してY4に手配された有償労働に従事すること、双方当事者が関連する法規制に定められた用人単位と労働者の主体としての資格を有すること、Y4が料理人に関する業務に関わるネットプラットフォームのみを経営し、X3が主に料理人としての技能を提供すること等を総合的に考慮すると、双方当事者には比較的強い従属関係があり、そして従属関係は労働関係を認定するための本質的な特徴である」。

判旨を見ると、その論理構成は労働関係認定通知第1条の枠組みから由来するものである。通知の中の3つの基準は、本件事実に照らして具体化されている。X3に対する業務指定、奨励・懲罰等の行為は、「労働者が用人単位の労働管理を受けること」として認定された。毎月一定額の報酬が支払われること、Y4に指定された就労場所で、Y4を代表して労務を提供することは、「用人単位に手配された有償労働に従事すること」として認定された。Y4が人材募集サイトで自らを「料理人のネットプラットフォーム」、「中国ネット飲食業界のトップ」として自称しているため、出張料理サービスがその主な経営業務であることをY4も認めている。そして、Y4と契約を締結した料理人が提供する労務は、「用人単位の業務の一部」である。したがって、本判決において、北京市第三中級人民法院は、完全に中国実定法上の労働関係認定枠組みに沿って、事実に沿った判断をしたと言える。そこから、中国の裁判所はネットプラットフォーム就労に関する事件を審理する際、その規範性が向上され、関連規制の運用もより適切になっている。

ウ　中国ネットプラットフォーム就労関係の最新司法動向――「閃送」事件の紹介と評価

ネットプラットフォーム就労に関して、中国の裁判所が出した一番新しい判決は、北京市海淀区人民法院によるバイク便配達員と「閃送」プラットフォームに対する労働関係存在確認判決である。「閃送」プラットフォームは北京同城必応テクノロジー有限会社（以下、Y4という）によって開発・運営される配送業務関係のネットアプリプラットフォームである。その経営形態は、顧客からオーダーを受注し、ネットプラットフォームと契約を締結した配達員が荷物を受け取り、顧客の依頼どおりに指定された地点に送ることである。配達員の李（以下、X4という）は「閃送」のアプリをダウンロードし、配

達員として登録し、2016年5月29日からオーダーを受注するようになった。2016年7月24日、X4が配送業務を遂行する際に交通事故にあった。その後、X4は北京市海淀区人民法院に提訴し、Y4との間に労働関係が存在することの確認、労災の認定、並びに労災保険に加入させなかったことによって生じた損失に関して、Y4に賠償を請求した。

X4の主張によると、彼は2016年5月29日にY4に入社し、配達員を担当した。彼は自分の携帯電話にアプリをダウンロードし、登録審査を経て、Y4の会社所在地に行って試験を受けた。試験に合格した後、X4には社員証が発行され、オーダーを受注して、関連費用を受け取るようになった。2016年7月24日、X4が業務を遂行する途中で事故にあったが、X4本人は労災保険が適用されると考えた。しかし、X4による労働関係認定請求が労働紛争仲裁委員会に却下されたため、裁判所に提訴した。Y4の主張によると、社員証は確かに発行されたが、それは主に身分識別用のものである。アプリに登録する際、「甲・甲の関連企業と乙はビジネス協力関係にあり、労働関係ではない」という文言を含む協働契約が表示され、それに同意してチェックを入れないと、登録手続は次のステップに進めない。また、X4が配達業務に従事する際、自分自身で乗物を用意する必要があり、会社から、X4に対して業務量のノルマ、オンライン時間等を要求することは一切ない。X4が自己責任でオーダーを引き受ける。会社が最低の固定給を保障することはない。会社が「ネットプラットフォームに登録し、顧客にサービスを提供する特定の人」を対象に商業保険に加入してもらっており、交通事故にあった後、X4は既に保険会社を通じて保険金を受領している。そのため、双方当事者は労働関係にはなく、契約法にいう「居間契約（仲介サービス契約）」にあたるとY4が主張した[195]。

北京市海淀区人民法院が審査した結果、本件の事実は以下のようになる。X4は「閃送」アプリをダウンロードして配達員になり、自分で配達用の乗物を購入し、ネットプラットフォームからオーダーを受注して配達業務に従事してきた。X4には最低固定給がなく、オーダー毎に収益80％がX4に、20％がY4に分配される。X4に対して、Y4がその業務量、オンライン時間、サービスエリア等を制限することはないが、オーダーごとの配送時間に対して具体的な規定があり、規定時間を超過し、もしくは荷物を破損させた場合、罰金が科される。配達員が同時に複数のプラットフォームに労務を提供してはならないとされている。X4には商業保険に加入してもらうことになる。

裁判所がこれらの事実を総合的に考慮した結果、法律関係の性質は、事実審査によって認定され、当事者が合意によって労働法の適用を排除することはできないとした。本件のネットプラットフォームは大量に貨物輸送サービスを提供することによって利益を獲得している。そのため、ネットプラットフォームを運営するY4は、情報サービス提供

---

[195] 北京市海淀区人民法院「配達員が就労期間中に交通事故に遭ったと主張し、労働関係の存在確認を請求して提訴した」
http://bjhdfy.chinacourt.org/public/detail.php?id=5105

会社ではなく、貨物輸送業務に従事する会社であり、配達員の役割は、貨物輸送サービスを提供することであり、それによって、Y4が貨物輸送契約中の貨物輸送に関する契約義務を履行する。本件の場合、Y4が配達員を募集する際、その労務給付の態様に対して具体的な要求を出した。X4がサービスを提供する際、職員証を身につけ、規定された具体的な提供手順によってサービスを提供しなければならない。Y4の配達員として業務に従事する間、X4は他の仕事に従事することなく、配達員の仕事に従事することで得られた報酬は、X4の主要な労働収入になる。したがって、Y4とX4の間には従属性があり、双方当事者間に労働関係が成立する。また、X4が労務を提供することによってY4が収益を得るため、相応の法的責任と企業としての社会的責任を負う必要がある。低いコストで労働力を利用することをY4に認めると、それに伴うリスクを事前に防ぐための手段を取ることには消極的になり、労働安全保護措置を取ることに対する積極性は必然的に低くなる。それによって、多くの社会問題がもたらされると予想される。インターネット関係企業が新たな技術手段と経営手法を導入したからと言って、本来負うべき法的責任と社会的責任を負わずに済むはずがない。新たな技術手段を駆使して経営している企業として、その情報技術を使って、合法的な運営・管理を実現することは十分にあり得る。関連する法制度が未だ整備されていないからといって、裁判所が労働者に対して、その基本的な権利を保障しないことはできない。結果として、X4とY4の間に労働関係が存在することが確認された[196]。

　本判決は、他の裁判例（特に北京の裁判所が出した裁判例）によるネット就労プラットフォームに対する評価の変化を踏襲したといえる。双方当事者が締結した契約の内容ではなく、実際の就労形態に鑑みて、労働関係が存在するかどうかが判断された。「閃送」プラットフォームの主な業務内容は、情報提供サービスではなく、貨物輸送業務であると認定されたため、配達員が提供する輸送サービスは、労働関係認定通知第1条に規定される「労働者が提供する労務は、用人単位の業務を構成すること」という基準を満たすことになる。社員証を身につけること、プラットフォームに規定されたサービス提供手順でサービスを提供すること、「閃送」のネットプラットフォームでのみサービスを提供し、報酬を獲得すること等に関して、これらの要素が労働関係認定通知第1条に規定される「用人単位が法律によって、就業規則を制定し、それを労働者に適用し、労働者が用人単位の管理を受け、用人単位が指定した有償労働に従事する」という基準を満たし、従属性を体現しているとされた。その上で、双方当事者間に労働関係が成立するとされた。そして、従前の裁判例とは違って、海淀区法院は判決によってもたらされる社会的効果について言及した。これは、中国社会、とりわけプラットフォーム側からの、労働関

---

[196] 北京市海淀区人民法院「配達途中に事故が発生したと称し、配達員がプラットフォーム経営者に対して訴訟を提起し、労働関係の確認を求めた結果、支持を得た」
http://bjhdfy.chinacourt.org/public/detail.php?id=5470

係を成立させたくないというプレッシャーに対するものであると思われる[197]。すなわち、シェアリング・エコノミーや、ネットプラットフォーム関連の就労形態は、必ずしも労働関係の成立を排斥するものではない。

エ　小括――関連裁判例の裁判ルール

　最初のe運転代行事件、好厨師事件から、最新の閃送事件まで、ネットプラットフォーム就労の性質に対して、中国の裁判所は、徐々に労働関係の成立を認める傾向に転じてきた。裁判の態度の変換に伴い、判旨の論理構成が詳細性、厳密性を増しており、中国現行法に沿った構成を取るようになってきた。そして、ネットプラットフォーム就労という大規模な社会現象に対して、労働関係の成立を認めるかどうかが大きな社会的影響力を持つことが意識されるようになった。全体的に、ネットプラットフォーム就労に関する裁判例は、成熟化、定型化しつつあり、その結論も一致するようになってきた。具体的に、以下のルールを抽出することができる。

　第一に、労働関係に当たるかどうかに関して、双方当事者が締結した契約の文言ではなく、実際の就労態様が重点的に考察される。とりわけ労働法の適用や労働関係の成立を排除する約定は、必然的に労働法の適用を避けるという、プラットフォーム側が想定する効力を引き起こすわけではない。前述した3つの裁判例において、ネットプラットフォームは様々な方法で就労者といわゆる「協働契約」を締結し、契約の中に明文をもって労働関係が存在しないこと、あるいは労働法が適用されないことを記した。このような当事者の約定の効力に関して、裁判所は一貫して就労の実態によって法的性質を判断してきた。就労形態が労働関係の特徴に合致する以上、当事者間の関係は労働関係として処理される。そのため、労働関係の成立を否定しようとするプラットフォーム側の努力は裁判所に認められていない。

　第二に、労働関係を認定する際、通知第1条に確立された3つの要件が参照される。とりわけ就業規則、労働管理、労働報酬の3つの要素が審査される際に重要視されている。プラットフォームから職員証や制服の着用を求められる場合、一般的に労働管理の存在が認められる。就労者がサービス提供時にネットプラットフォームに制定された規則に従う必要がある場合、「用人単位の就業規則が適用される」ことが認められる（もっとも、これらの「就業規則」が中国労働契約法第4条に規定される就業規則の制定手続要件や内容要件を満たさない場合がある）[198]。プラットフォームから報酬や手当が得られる以上、それがオーダーごとに支払われても、毎月まとめて支払われても、固定給に歩合給を上乗せする形を取っても、一般的に労働報酬として認められる。一方、プラッ

---

[197] 反対する観点として、蔡雄山、徐俊「ネット配車プラットフォームと運転手の関係が労働関係であるか？――アメリカカリフォルニア州Uber労働事件に基づく深入分析」
http://www.aiweibang.com/yuedu/57311161.html
[198] 中国労働契約法第4条
　用人単位は法律に従って就業規則制度を設立・整備し、労働者が労働権利を享受し、労働義務を履行することを保障する。（以下略）

トフォーム側による経営範囲に関する抗弁は基本的に認められていない。すなわち、ネットプラットフォームが情報交換用のものであり、その主な業務が民法上の仲介サービス業務であるという主張は否定され、それが実際に飲食業、または運輸業を提供する企業であると認定される。その上で、「労働者が提供する労務は、用人単位の業務を構成すること」という要求は満たされる。全体的に見ると、中国の裁判所は伝統的な裁判手法によって、いわゆるシェアリング・エコノミー関係の就労問題に対処するようになっている。前述した事件の中で、実際の就労形態が既に伝統的な労使関係の枠組みを突破したとは思われておらず、関連法制度が未だ整備されていない以上、裁判所は既存の枠組み内で論理を組み立て、判決を下している。

　第三に、判旨の中に、立場的に弱いネット就労者の保護、「弱者保護」という労働法の衡平思想が現れている。労働者を保護することは、中国会社法第5条[199]に規定されている社会的責任の一部であり[200]、中国労働法の出発点の一つでもある。しかし、その前提は、ネット就労者が伝統的な労働関係にいう労働者であること、あるいは少なくとも伝統的な労働者と同じ立場に置かれていることである。ネット就労者が労働者に該当するか、あるいは労働者に類する保護を受けるべきかに関して、今までの裁判例はその態度を明らかにしていなかった。そして、学説の中でも、労働関係を認定すべきではないという声はある。「プラットフォーム企業と登録運転手の間に、伝統的な労働関係の存在を認めるのは適切ではない。「ネット+移動」といった新たな業態が伝統的な就労形態を変え、当事者間の関係を規制する法律が整備されていない現時点では、労働保障、労災認定等の複雑な事情を考慮すると、プラットフォーム企業と登録運転手の関係を、安易に伝統的な労働関係と認定するのは適切ではない…両者の関係は本質的に登録運転手がプラットフォーム企業の指示の下で、労務を提供し、一定の報酬を獲得するため、その法的特性は事実上の労務関係に近い[201]」。しかし、「閃送」事件判決を見ると、裁判所が社会的影響を労働関係認定基準の中に考慮するようになったことが明らかである。とりわけ双方当事者の力関係と利益獲得が重要視される。一方、ネット就労者は経済的にネットプラットフォームから得られる収入に頼っているのは確かである。また、ネットプラットフォームは、ネット就労者の労務給付を通じて、多大な利益を得ている。そのため、当事者間に労働関係が存在し、ネットプラットフォームに一定の責任を課すのは、実質的な不公平を招くことではない。これは、利益衡量の考え方を体現したものである。

---

[199] 中華人民共和国会社法第5条
　企業が経営活動に参加する場合、法律・行政法規を遵守し、社会道徳、商業道徳を遵守し、政府と社会民衆の監督を受け、社会的責任を負う。企業の合法的な権利・利益は法律によって保護され、侵されることはない。
[200] 朱慈蘊「企業の社会的責任――法的責任と道徳準則の間に」中外法学2008年第1期。
[201] 遊暁飛「交通事故事件中のアプリプラットフォーム企業の責任負担規則――余学鋒VS王剛領、北京小桔テクノロジー有限会社等機動車交通事故責任紛争事件を例に」法律適用2018年第4期。

3. 中国労働関係認定の改革方向

(1) 中国のシェアリング・エコノミーの下での労働関係認定の前提要件――分類整理

現在、実務も学説も、シェアリング・エコノミーの下での労働関係認定に関して、ケース・バイ・ケースに精緻に議論するのではなく、これを一般化する傾向にある。具体的に言うと、様々なネット就労の具体的な態様や特徴を検討するのではなく、これを一括して「シェアリング・エコノミー労働関係認定問題」として、労働関係を認定すべきかどうかを検討している。中国のある学者は、論文の中で、アメリカのUberを分析のモデルにして、すべてのシェアリング・エコノミーの下での就労は労働関係として認められるべきではないという結論を出し、または中国のネット配車サービスにおいて、運転手とプラットフォームの間に労働関係は成立しないという結論を出している[202]。これらの結論が正しいかどうかはともかく、重要なのは、中国のネット就労には様々な態様があり、これらの就労態様を一概に論じるのはそもそも適切ではない。中国のネット就労者の場合、兼職の形でやっている人もいれば、フルタイムでやっている人もいる。自分で器材を用意する場合もあれば、プラットフォームに提供してもらう場合もある。強制的にオーダーが指定される場合もあれば、自由にオーダーを引き受ける場合もある。監督や処罰のない緩い「協働」もあれば、厳しく管理監督され、規律違反の場合に処罰を受ける「協働」もある。「シェアリング・エコノミー」の名の下で集められた様々な事案をケース・バイ・ケースに検討しないと、適切な結論を導き出すのが難しい。

そこで、中国のシェアリング・エコノミーの下での労働関係認定問題を検討する際、まず様々な事案を一定の論理に則って整理する必要がある。従属性判断の要素を吟味し、労働関係として認定される可能性がある場合、さらなる検討を加えるとする。例えば、滴滴専車の「レンタカー+運転代行」がこれに当たる。それに対して、当事者間に従属性が存在せず、当事者が労働関係を成立させる意図がそもそもなかった場合、これを労働問題としての議論対象から外し、あくまで民法の範疇内で検討する。例えば、滴滴の便乗車サービスがこれに当たる。そして、分類整理の基準として、伝統的な労働関係認定基準における拘束力の強さの判断[203]は、参考になる。具体的な判断要素としては、伝統的な労働関係認定において代表性があり、プラットフォーム就労時代にも存在するものを選ぶべきである。例えば、就労時間や場所を自由に決められるかどうか、プラットフォーム側の規則にどこまで拘束されるか、報酬の獲得方式、または就労者を処罰する権力があるかどうか等が判断要素として挙げられる。判断対象となる就労形態が前述した全

---

[202] 陸敬波、孫天鋒「新たな経済形態の下での就労関係――中国はじめての運転代行アプリ関係の交通事故事件」中国法律評論2018年第6期。徐増鵬「閃送プラットフォーム労働関係認定に関する思考」中国法律評論2018年第6期。
[203] 王全興、王茜「中国ネット就労者労働関係の認定と権利・利益保護」法学2018年第4期。

部又は大部分の要素を満たす場合、中国法の枠組下において、それを労働関係と認定することができる。

シェアリング・エコノミーの下での労働関係認定問題を分類整理することには、重要な現実的な意義がある。まず、検討対象となる問題の範囲を限定し、焦点を絞り、結論の妥当性を向上させることができる。そして、より重要なのは、プラットフォーム側が労働力を利用しながら、技術革新や就労形態革新等を理由に、伝統的な労働関係の下で発生するはずの人件費を削減することを防ぐことができる。とりわけ中国の司法裁判が「労働関係の一般化」を防止する態度を採っているため[204]、先に分類整理をしないと、一部のプラットフォームは引き続き事実上労働関係の下で労働力を利用しながら、「労働関係の一般化を防ぐ」という口実の下で、労働保護法上の義務を潜脱しようとするであろう。

(2) 中国のネットプラットフォーム就労の未来——労働や請負と異なる第三の契約類型

現在、中国実定法上の労働関係認定基準は、シェアリング・エコノミーの下での労働関係認定問題に対処する際、必ずしも適切な結論を導き出せているとは言えない。このことは、関連裁判例がその判旨構成を絶え間なく修正していることによっても示されている。中国現行法上の労働関係認定基準は、大規模の工場労働をモデルにして作り出されたため、それとは大きく異なるネットプラットフォーム就労に対処する際、全ての問題を解決できないことは当然である。

そこで、前述した問題に対処するため、中国労働保護規制の「ありか、なしかの二者択一」方式を修正し[205]、外国の「雇用類似の就労者」制度を導入すべきだと主張する学説がある。具体的には、ネット就労者を労働者や請負業者とは異なる「雇用類似の就労者」として位置づけ、最低賃金、労働時間の上限、基本的な休暇請求権等を提供すること等が挙げられる[206]。

「雇用類似の就労者」という第三の契約類型の導入可能性を議論するつもりはないが、それが中国の実定法体系に組み込まれる可能性や、それによってもたらされる影響をここで検討したい。欧米諸国の整備されている労働者保護体系や制度（労働立法と団体交渉等）とは違って、中国における現在の労働保護法が「雇用類似の就労者」にも十分な保護を提供できるとは思えない。現行法の下で、典型的な労働関係にある労働者の権利・利益保護さえ十分とは言えない以上、用人単位が雇用類似の就労者に対して、労働保護

---

[204]「最高人民法院第8回全国法院民事商事審判工作会議（民事部分）紀要」によると、労働争議事件の審理は、調和した労働関係を構築し、労働力、資本、技術、管理等の要素の配置を合理化し、創新と創業する活力を刺激し、大衆創業、万衆創新を推進し、新技術・新産業の発展を促進することに重要な意義を有する。労働者の合法的な権利・利益を保護すると同時に、用人単位の生存発展を維持する原則を維持し、労働関係と労務関係を厳しく区分けし、労働関係認定の一般化を防止する必要がある。
https://www.chinacourt.org/article/detail/2016/11/id/2361616.shtml
[205] 丁暁東「プラットフォーム革命、ギグ・エコノミーと労働法の新たな考え方」環球法律評論2018年第4期参照。
[206] 関連論述に関して、王全興、粟瑜「イタリアの准従属性労働制度分析とその啓示」法学雑誌2016年第10期参照。

法上の義務を忠実に履行するはずがなく、中国の相対的に不足している労働基準監督官によって、これらの雇用類似の労働者の権利・利益が実際に保障されるとも考えられない。すなわち、雇用類似の就労者という概念自体を導入したとしても、実際にどこまでその権利が保障されるかに関して、筆者は疑念を持っている。また、既に検討したように、中国の労働者概念自体が明確なものとは言えず、政治的な意味をも内包している。労働者であるかどうかでさえ明確にならない情況において、「雇用類似の就労者」概念を導入すると、線引きがますます困難になり、労働者概念もますます混乱するであろう。したがって、立法手段によって「雇用類似の就労者」概念を導入することによって、ネット就労者の権利・利益保護問題を一気に解決するのは困難であろう。

(3) 中国労働関係認定基準の修正

現在、中国のネットプラットフォーム就労問題を解決するための、より現実的な方法は、中国労働契約法が施行される前に作られた労働関係認定基準を修正することだと思われる。

まず現在の中国の労働関係認定基準における認定要素の数から見ると、労働関係を認定する要素は、就業規則、指揮監督と労働報酬の3つだけである。アメリカ法上多用されているBorello Testに確立された13項目の認定要素[207]と比べても、大陸法上、人格従属性、経済的従属性と組織従属性から確立された多くの判断要素[208]と比べても、その数が少なすぎる。その結果、複雑なビジネスモデルや就労形態に直面する際、十分な判断指標が足りていない。そこで、労働関係の判断要素を増やし、例えば用人単位に懲戒権があるかどうか、器材はどちらが提供するか、就労者が労務履行のために労働者を雇うことができるかどうか等、実務上多用されている手法に鑑みて、認定基準がこれらの事実をより包摂的に評価できるようにし、現在の絶え間なく変化している就労関係の実態に対処できるものにしなければならない。また、第1項の「主体資格」認定基準は削除されるべきである。このような問題は、商法に任されるべきである。そして、「労働者が提供する労務は、用人単位の業務を構成すること」という記述は、「用人単位の通常の経営活動に労務を提供すること」に修正されるべきである。

また、複雑さを増していくネットプラットフォーム就労形態に対応するために、労働関係認定基準の中に、経済的従属性をより色濃く反映すべきである。経済的従属性は大陸法系の労働法理論上、よく「就労者が当該契約関係の中から収入を得て、その収入が彼の主要な収入源である」と理解されている[209]。しかし、このような理解は、収入が持つ経済的なパワーしか捉えておらず、収入と就労者の経済的立場に影響する他の要素を包摂的に捉えていない。すなわち、労働関係の存在を認定し、労働法を適用させる最も正

---

[207] See S. G. Borello & Sons, Inc. v. Department of Industrial Relations, 48 Cal. 3d 351(1989).
[208] 王倩「ドイツ法上の労働関係認定」暨南大学学報（哲学社会科学版）2017年第6期参照。
[209] BAG 15. 4. 1993, AP Nr. 12 zu § 5 ArbGG 1979. 王倩「ドイツ法上の労働関係認定」暨南大学学報（哲学社会科学版）2017年第6期参照。

当で切迫した理由は、労務が従属的で不自由な状態で提供されるため、労務提供者に対して保護を提供する必要があることである。このような判断は、ネットプラットフォーム就労問題にも当てはまる。すなわち、ネットプラットフォーム就労の場合、両当事者の経済的立場を比較し、片方が相手方に経済的に従属するかどうかを判断する必要がある。この点に関しては、大陸法系の労働法上の経済的従属性理論と比べて、アメリカの「経済現実理論」(Economy Realities Test)の方が、より多くの考慮要素を内包し、柔軟に現実に対応できるため、ネットプラットフォーム就労問題に示唆を与えられる。考慮要素として挙げられるのは、①労働者の責務に対するコントロール（control of a worker's duties)、②賃金の源と支払方法(the payment of wages)、③雇用、解雇と懲戒権(the right to hire and fire and the right to discipline)、④労働者によって提供される労務が使用者の経営に対して必要不可欠な部分であること(performance of duties as an integral part of employer's business)である[210]。経済現実理論はより労働者と用人単位の実際の力の格差や、利益の比較を重要視しており、様々な就労形態によりよく対処できると思われる。ネットプラットフォームから就労者に対する懲戒（アカウント利用停止、受注停止、罰金等）等の裁判例の中に問題視される事実を評価する際、経済現実理論から多くのヒントが得られるであろう。

最後に、裁判実務において、シェアリング・エコノミーの下での労働関係認定問題を処理する際、裁判所はより利益衡量の手法を重要視する必要がある。ネットプラットフォーム就労事件において、衝突するのは、新たな経済形態と就労形態としてのネットプラットフォームの発展利益と、就労者の就労に関する利益である。「閃送」事件において、裁判所はこの矛盾する利益関係に対して、比較考量を行った。実際、両当事者の利益には共に正当性があり、場合によっては折衷案を取る必要もある。しかし、ここでいう折衷案とは、「雇用類似の就労者」概念を導入して現実問題から逃げるのではなく、ケース・バイ・ケースに、プラットフォーム側が用いる就労形態に新規性があるかどうか、現行法の規制枠組みを突破し、労働者の利益を損なうまでの正当性をそこから見いだせるかどうかを分析しなければならない。プラットフォーム就労が伝統的な就労形態を突破し、現行法上の判断基準の枠組みを超え、いわゆる法規制の空白領域に入った場合にのみ、我々に折衷案を取らせるほどの正当性があるといえる[211]。もっとも、前述した裁判例を見ると、現在の中国のネットプラットフォーム就労は、未だ伝統的な就労形態を突破したとは言えず、現行法上の労働者性判断基準の射程内に収まっている。したがって、前述したネットプラットフォーム就労に関して、労働関係の成立を認めるのは、現行法の判断基準に照らして妥当な判断であり、労働関係の一般化ではなく、シェアリング・エ

---

[210] See Fitzgerald v. Mobil Oil Corporation, 827 F. Supp. 11301(E.D. Mich. 1993).
[211] ベンジャミン・ネイサン・カードーゾ『司法過程の性質』蘇力訳、商務印書館1997年版73頁。

コノミーの発展を阻むものでもない。

第5節　まとめ

　最近中国で発生した一連の社会事件と裁判例を見ると、シェアリング・エコノミーは新たな経済形態として、伝統的なサービス業にある「空白」をほぼ埋め尽くした。中国において、シェアリング・エコノミーの発展は、規制を要する段階に至っている。そして、どのように規制をかけるかによって、中国におけるシェアリング・エコノミーの運命を決めることになる。シェアリング・エコノミーに従事する就労者を労働者として認めるかどうかも、その規制の一環であり、労働分野におけるシェアリング・エコノミーに対する立法者の態度がそこから表される。現行法上の労働関係認定基準と、労働者保護の態度を維持すべきか、それとも就労者の利益を犠牲にしてまで、この新たな就労形態を普及・発展させるべきか、立法者に選択が迫られている。

　この問題は、決して白黒をつけられるような二者択一の問題ではない。独自の観点を持つ論者は、自分の観点を証明するために十分な論証を行わなければならない。シェアリング・エコノミーが多くの就労機会を作り出し、国民経済全体に積極的な影響を与えているのは事実である。しかし、労働関係の成立を認めることは、必ずしもシェアリング・エコノミーの発展を妨げる要因になるとも思えない。むしろそれを契機に、秩序ある発展のレールに乗せられる可能性も充分にある。一方、プラットフォームを放任し、プラットフォーム就労者に何の労働法上の保護も与えないことが、シェアリング・エコノミーのさらなる発展に必ずしも繋がるとも思えない。また、仮に就労者の利益を犠牲にしてシェアリング・エコノミーを更に発展させたとしても、全体的にどのような社会的影響がもたらされるかも議論されていない。専車運転手を労働者として認定する場合、プラットフォームにどれほどの人件費が課せられるか。増加する人件費とプラットフォーム全体の収益と比べて、どれほどの割合を占めるか。このような議論の前提となる問題に対しても、誰も答えられない。そして、シェアリング・エコノミーの下での就労者を労働者として認めるべきと主張する論者にも、その論点を正当化させる義務がある。すなわち、このような処置が、中国労働関係の認定基準や、労働法の立法目的に合致しているかどうか検討する必要がある。シェアリング・エコノミーの下での様々な就労形態に対応すべく、労働関係認定基準を修正する必要があるのではないだろうか。

　もっとも、前述した立法論が実定法になっていない以上、シェアリング・エコノミーの下での労働関係認定は、現行法の枠組み内で行われるべきである。現在、プラットフォームを通じて労働力を提供するほとんどの単純就労者は、現行法の下では労働者と認定されるべきである。大手プラットフォームは様々な制度設計によって、労働関係の適用を阻止し、自らを労使関係の外に置こうとしているが、これに対して、「形式よりも実

質を見る」という労働関係認定の原則は維持されるべきである。労働関係認定通知によって確立された3つの要件は、依然として、判断の出発点と主な論拠になる。そして、プラットフォーム就労の場合の事実関係がどのように3つの基準を反映するかに関して、裁判所は現在も模索を試みている。全体的に見ると、プラットフォーム就労における労働関係認定問題に関して、現行法上の各規制は既に最大限活用されている。それでも解釈によっては解決できない現実問題に対して、立法によって抜本的な解決を図るしかないと思われる。

第5章　比較法の視点からみるシェアリング・エコノミーと中国の就労者保護

1．本研究によって解明された中国労働法規制全般のいくつかの特徴

(1)労働者概念が法定されていないこと

　比較法の視点から見ると、中国労働法規制の一番大きな特徴は、やはり政治体制の特殊性により、労働者概念が法定されていないことである。

　中国の場合、憲法によって認められる「労働権」を持つ労働者は、搾取階級や反動分子と区別され、「労働者」という概念は国家政権の指導者としての政治的な意味合いを持っている。1950年代の労働改造を経て、労働者の対極になる搾取階級や反動分子は改造され、社会主義建設の主となり、理論上中国国民が全員「労働者」になった。中国労働法立法の際に、前述した「労働者」に対する認識が援用されたため、労働者を別途定義することなく、法律の適用対象である企業の性質を絞ることによって、労働法の適用範囲を明確にすることにした。すなわち、中国労働法が立法される際に、「労働者」とは全国民を指す概念であり、これを再定義する必要はそもそもなかった。そして、労働者の相手方である「使用者」階級は、理論上既に社会主義改造によって消滅されたため、使用者を定義することによって、労働者、労働関係、または労働法の適用範囲を特定することもできなかった。

　シェアリング・エコノミーの発展により、中国の就労関係が複雑化し、労働関係の存在が認められると、すべての労働保護規制が適用されるが、労働関係の存在が否定されると、労働法上の規制が一切適用されないため、当事者は労働関係認定という入口のところで激しい論争を展開することになる。この状況を打破すべく、学説上では労働者をレベル分けし、その要保護の度合いに応じて労働保護規制を選択適用するという意見が見られる。しかし、労働者概念が法定されていない現状では、中国でこれを更にレベル分けするのは極めて困難である。

(2)書面での労働契約の締結が重要視されること

　1995年1月1日に中国労働法が施行されたが、その主な立法目的は、労働契約を締結する必要のある労働契約制度によって、労働契約を締結する必要のない計画経済の下での終身雇用制度を代替することである。そのため、中国労働法の下では、労働関係の成立要件として、労働契約の書面締結を挙げることにした（中国労働法16条）。一方、労働契約を書面で締結していないが、用人単位の指揮監督の下で就労する行為が事実として存在する場合、それを「事実労働関係」と呼称することにした。中国労働契約法が施行されるまでの間[212]、事実労働関係の下で就労する者は、原則として労働保護規制の適用

---

[212] 中国労働契約法は2008年1月1日から施行された。

対象から除外されてきた。

中国労働契約法の施行に伴い、労働関係の成立は労働契約の締結を基準とするものではなく、労働者の就労によるものであるという認識転換がなされた（中国労働契約法 7 条）。もっとも、中国労働契約法においても、書面での労働契約の締結が非常に重要視されている。就労開始日から 1 ヶ月を超えて、1 年未満の間に労働者と書面での労働契約を締結しない場合、用人単位は毎月 2 倍の賃金を労働者に支払うことになる（中国労働契約法 82 条）。用人単位が就労開始日から満 1 年間労働者と書面での労働契約を締結しない場合、労働者と既に期間の定めのない労働契約を締結したとみなす（中国労働契約法 14 条 3 項）。そこで、書面での労働契約の締結が労働関係認定においてどのような役割を担うかについて、様々な視点から議論が展開されている。

(3) 中国の労働関係認定基準

前述したように、中国労働法と中国労働契約法において、労働者の定義が定められていない。そのため、中国では、「労働者性」の有無を認定するのではなく、「労働関係」が存在するかどうかを認定することになる。具体的な労働関係の有無は一般的に労働関係認定通知[213]によって判断される。同通知が制定されたのは、中国労働契約法が施行される前の 2005 年である。既に述べたように、中国労働法が施行されてから、中国労働契約法が施行されるまでの間、中国労働法の規定により、中国における労働関係認定は、原則として書面での労働契約締結の有無を基準としていた。すなわち、書面で労働契約が締結された場合、労働関係が存在すると認定されることになる。これに対して、上位法令である中国労働法に定められなかった場合、すなわち当事者双方が書面で労働契約を締結していない場合に限って、例外的に労働関係の存在を認める要件が、労働関係認定通知によって定められている。

労働関係認定通知によると、当事者双方が書面で労働契約を締結していない場合、労働関係を構成するには、以下の 3 つの要件を同時にすべて満たさなければならない。

① 用人単位と労働者が法律・法規に規定された主体としての資格を有すること。
② 用人単位が法律によって、就業規則を制定し、それを労働者に適用し、労働者が用人単位の管理を受け、用人単位が指定した有償労働に従事すること。
③ 労働者が提供する労務は、用人単位の業務を構成すること。

文言からも判るように、いわゆる「使用従属性による判断」というドイツ由来の労働者性判断基準は、通知が制定された当初では想定されていなかった。にもかかわらず、中国の労働法学者と実務家はこれを中国版の「従属性判断基準」として整理している[214]。

---

[213] 中華人民共和国労働・社会保障部 2005 年 5 月 25 日公表。労働・社会保障部は日本の厚労省に相当するが、労働・社会保障部が出した通知には法規範としての効力があると一般的に認識されている。
[214] 中国大陸の労働法学者は理論研究をする際、よく台湾の「労働法新論」という本を引用する。この本の中に、「使用従属性による判断」が一般的な労働者性判断基準として紹介されている。筆者の推測ではあるが、この本の影響を受けて、中国の労働法学者たちが自然と使用従属性の関連理論に沿って労働関係判断基準を整理したかもしれない。

もっとも、通知が作られた当初、このように整理されるとは想定されていなかったし、「人的従属性、経済的従属性、組織的従属性」がそれぞれどのように定義されるか、どのような要素が考慮されるかも明らかにされなかったため、通知を労働関係認定の法的根拠として運用するためには、裁判官が独自の解釈を展開しなければならない。

(4) 中国の労働法規制の立法経緯と特殊性

ア　中国労働法

　日本や欧米諸国の労働法規は、労働者保護の必要から由来したものである。すなわち、使用者との交渉において、弱い立場に置かれる労働者に何ら法的保護を及ぼさないと、悲惨な情況に置かれてしまうという現実の需要があるから、労働法が生まれたのである。これに対して、中国労働法は、政府の政策意図を反映するために、トップダウン方式で導入された。すなわち、中国労働法の立法が検討された時、中国は計画経済の下で、毎年新たに育成された労働力を国が責任を持って統一的に企業に分配し、原則として定年退職まで同じ企業で終身雇用されるという制度が採られていた。労働者を搾取する「使用者」もなければ、解雇される恐れもないため、調和の取れた労働関係が実現されたように見える。そのような状況の下で、「中国労働法」が施行されたのは、まさに労働契約制度を導入することによって、従来の終身雇用制度等を廃止し、「調和の取れた労働関係」を打破するためである。その立法経緯から見ると、中国労働法の主な立法目的は、労働者保護ではなく、労働契約制度の下での労働力の流動化と生産力向上の促進である。それに加え、中国労働法が立法化された際に、全国民が憲法上の「労働者階級」だったため、改めて「労働者」という概念を定義するという発想もなかったと思われる。

イ　中国労働契約法

　中国労働法が施行されてから13年後の2008年に、中国労働契約法が施行された。13年という期間は立法活動において長くはないかもしれないが、中国労働法はあくまで計画経済時代の産物であり、立法当初ある程度予測が立てられたとはいえ、市場経済体制に移行した後に現れた様々な労働問題を全部予測することは当然ありえなかった。労働契約制度への移行によってもたらされた「事実労働関係」、「有期契約問題」、「解雇保護問題」等を解決すべく、中国労働契約法が立法された。すなわち、中国にいう「労働契約法」は、最低労働基準を満たした上で、労働契約に関する合意や原則その他の基本的事項を定めるだけでなく、「労働契約制度」が導入された後に生じた様々な労働問題を解決し、双方当事者の権利と義務を明確にし、労働者保護を図り、調和の取れた労働関係を構築・発展させること全般をその立法目的とした[215]。そして、中国ではまだ「労働基準法」が立法されていないことを考慮すると、中国労働契約法は、日本のように労働基準法の

---

[215] 中国労働契約法1条
　労働契約制度を整備し、労働契約双方当事者の権利と義務を明確にし、労働者の合法的な権利・利益を保護し、安定した労働関係を構築・発展させるために、本法律を制定する。

上に成り立っているのではなく、中国労働法を全面的にブラッシュアップすることを目的とする、労働基準法の役割をもある程度兼ね備え総合的な労働立法と評価することができる。その証拠として、最低賃金に関する規定[216]や、用人単位に対する罰則規定（中国労働契約法80条～95条）も中国労働契約法の中に組み込まれている。

　「中国労働契約法」の立法目的に関して、立法当初から議論があった。すなわち、中国の場合、同法律は労働者を保護するための法律なのか、それとも労使双方を保護する法律（あるいはどちらも保護しない法律）なのかという論争である。筆者からみると、この論争の焦点は、「労働基準法」と「労働契約法」としての性質を兼ね備える中国労働契約法のどの側面を重要視すべきか、ということである。労働基準法としての側面を重要視すると、中国労働契約法は労働者保護法と評価され、労働契約法としての側面を重要視すると、同法律は労使双方を保護する法律と評価されるであろう。

2．シェアリング・エコノミーの下での中国就労者保護問題と日本への示唆

　中国の場合、シェアリング・エコノミーの雇用創出効果が重要視され、政府がシェアリング・エコノミーの下で展開される様々な新たな就労形態の利用を支持・促進している。一方、これらの新たな就労形態の下で就労する者に対する法的保護も、調和した労働関係の構築、並びに社会の安定の観点からみて極めて重要である。すなわち、現在中国の労働政策上最も重要視される問題は、人件費の上昇がシェアリング・エコノミーの発展に支障をもたらさないという前提の上で、就労者の正当な権利・利益を如何に保障するかである。

　この問題の対策として提案されているのは、就労者のレベル分けである。すなわち、要保護の度合いに応じて就労者をレベル分けし、保護を必要とする人にのみ保護を与えるという発想である。では、どのような人が「要保護者」であるか。現在検討されているのは、「経済的従属性のある者」に保護を与えるか、もしくは中国民法典の制定を機に、労働関係を包摂する上位概念として、「雇用関係」を民法上の概念として導入し、雇用関係にあるが、労働関係に入っていない周辺的な就労者に対して、ある程度の法的保護を及ぼすという法的対応である。前述したように、労働者も労働関係も法律上定義づけられていない状況において、そのグレーゾーンに新たな概念を導入することは、さらなる実務上の混乱を招くと予想される。そして、経済的従属性のある者を保護するということは、同時に経済的従属性のない者を保護対象から排除することを意味する。シェアリング・エコノミーは、遊休資源をシェアリングすることによって成り立っているが、遊

---

[216] 中国労働契約法20条
　　労働者の試用期間中の賃金は、本用人単位同ポストの最低賃金、又は労働契約に約定された賃金の80%を下回ってはならず、かつ用人単位所在地の最低賃金基準を下回ってはならない。

休資源のない経済的従属性のある者に法的保護を与える代わりに、遊休資源のある経済的従属性のない者を検討対象から排除すると、その法規制はもはやシェアリング・エコノミーの下での就労形態を対象とするものではなくなってしまう。

　また、労働者を「レベル分け」することは、あくまで一部の就労者にのみ保護を及ぼすことを意味する。新たな就労形態の下で働く就労者全員に、典型的な労働者と同水準の法的保護を与えると、「新たな就労形態」を利用するメリットがなくなり、企業はその分野から撤退するのではないかという危惧がその背後にある。そして、このようなジレンマは、新たな就労形態を巡る法規制だけではなく、中国の労働保護規制全般にもよく見られる。すなわち、労働保護水準を上げると、人件費の向上により、関連産業自体が潰れ、または国際競争の中で敗れてしまう可能性がある。このような現象は、ある意味では世界共通と言えるが、それと同時に、中国の労働保護規制によってもたらされているとも言える。

　中国の労働保護規制は、経済発展の状況と比較すると保護水準が高い。とりわけ社会保険料は、賃金総額の中で大きな割合を占めている。例えば、2017年時点で、北京市の社会保険料が報酬全体の66.48％を占め、そのうち、会社側の負担分だけでも賃金総額の44.28％を占めている[217]。労働者を対象とする社会保険に加入したくないため、多くの会社側が「新たな就労形態」を利用するようになったし、労働者側にとっても、将来もらえるかどうかも定かではない社会保険料を納付するよりも、一元でも多くの手取りがほしいと思う者は少なくない。一部の就労者を労働保護規制から除外したほうが、労使双方にとって望ましいという現実を考慮して、中国最高人民法院も、労働関係の一般化を防ごうとしている。そこで、労働関係に入る経済的ハードルが高い現行制度の下で、人件費を削減するために「新たな就労形態」を発展させるのは、中国の労使双方当事者や政府にとって必然の結果であり、新たな就労形態の下での就労者に対する法的保護の水準は、必然的に伝統的な労働者より低く、保護対象の範囲も狭くなる。

　このように、新たな就労形態の下で就労する者に保護を与えるかどうか、どの程度の保護を与えるか、保護される者の範囲をどのように定めるか等は、国の経済状況とシェアリング・エコノミーの雇用創出効果等をどこまで重要視するかによって決められる。今まで労働保護規制の適用対象ではなかったプラットフォーム就労者等に法的保護を与えることは、必然的にシェアリング・エコノミーを利用する際の社会的コストの増加をもたらす。シェアリング・エコノミーの利用を促進することによって、多くの就労機会を創出したい。しかし、新たな就労形態の下での就労者にも一定程度の法的保護を与えなければならない。中国の労働政策制定者がこのジレンマにどのように取り組むか、今後もその法的対応の動向をフォローしていきたい。

---

[217] http://www.64365.com/zs/762199.aspx

資 料 編

関連条文の和訳
ネット予約タクシー運営サービス管理暫行弁法

第一章　総則

第一条　社会公衆の多様化した外出の需要に応え、レンタル自動車業界とインターネットの融合発展を促進し、ネット予約タクシーの運営サービス行為を規範化させ、運営の安全と乗客の合法的な権利・利益を保障するために、国家の関連法律、行政法規に基づき、本弁法を制定する。

第二条　ネット予約タクシーの運営サービスに従事する場合、本弁法を遵守する。

本弁法でいうネット予約タクシー運営サービスとは、インターネット技術によってサービスプラットフォームを構築し、需給情報を整合させ、条件に適する車両と運転手を利用し、特定のルートを周らない予約タクシーサービスの経営活動を提供することである。

本弁法にいうネット予約タクシー経営者とは、ネットサービスプラットフォームを構築し、ネット予約タクシー運営サービスに従事する企業法人である。

第三条　優先的に都市部の公共交通機関を発展させ、適度にタクシーを発展させ、高品質化したサービスを提供し、運営の差別化を図るという発展原則の下で、秩序を持ってネット予約タクシーを発展させる。

ネット予約タクシーの運営価格は市場調節に従うが、所在都市の人民政府が政府指導価格を実行する必要があると認める場合、その限りではない。

第四条　国務院交通運輸主管部門が責任を持って全国のネット予約タクシーの管理を指導する。

各省、自治区の人民政府交通運輸主管部門が同レベルの人民政府の指導の下で、本行政区域内のネット予約タクシーの管理業務を責任を持って指導する。

直轄市、区を設ける市レベルまたは県レベルの交通運輸主管部門または人民政府が指定した他のタクシー行政主管部門（以下では「タクシー行政主管部門」という）が同レベルの人民政府の指導の下で、責任を持ってネット予約タクシーの管理を具体的に実施する。

その他の関連部門は法律によって定められた職責に従って、ネット予約タクシーに監督管理を実施する。

第二章　ネットタクシープラットフォーマー

第五条　ネット予約タクシーの運営に従事することを申請するために、オンライン・オフラインのサービス提供能力を備え、以下の要件を満たす必要がある。

（一）　企業法人としての資格を有すること。
（二）　ネット予約タクシーを運営するためのプラットフォームと、展開しようとする業務に適応する情報データ交換と処理能力を有し、交通、通信、公安、税務、ネット信用等関連する監督部門が法律に基づき関連するネットデータ情報を検索するための条件を備えており、ネットサービスプラットフォームのデータベースがタクシー行政主管部門の監督管理プラットフォームに接続し、サーバーが中国大陸に設置され、規定を満たすネット安全管理制度と安全保護技術措置を有すること。
（三）　電子決済を利用する場合、銀行、非銀行決済機構と決済サービス提供協定を締結すること。
（四）　経営管理制度、安全生産管理制度とサービスの質の保証制度を整備すること。
（五）　サービス所在地において相応のサービス機構とサービス提供能力を有すること。
（六）　法律・法規が規定した他の要件。

外国投資者がネット予約タクシー事業に投資する場合、前述した要件を満たす他、外国投資に関する法律・法規の規制にも従わなければならない。

第六条　ネット予約タクシー事業の運営を申請する場合、経営区域に応じて、タクシー行政管理部門に申し出をし、以下の書類を提出する必要がある。

（一）　ネット予約タクシー事業運営申請書（添付資料参照）。
（二）　投資人、責任者の身分、資力と信用度の証明書とそのコピー、申請者の身分証明書、そのコピー、依頼書。
（三）　企業法人の営業許可、事務所に該当する場合には営業許可、外資系企業には、外資系投資企業許可証をも提供するものとする。
（四）　サービス所在地の勤務場所、責任者と管理者等の情報。
（五）プラットフォームと情報データ交換と処理能力を有することを証明する資料、交通、通信、公安、税務、ネット信用等関連する監督部門が法律に基づき関連するネットデータ情報を検索するための条件が備わっていることを証明する資料、データベースの接続状況の説明書、サーバーの中国大陸における設置状況の説明書、法律に従ってネット安全管理制度と安全保護技術措置を整備し、実行していることを証明する資料。
（六）　電子決済を利用する場合、銀行、非銀行決済機構と締結した決済サービス協定を提供する。
（七）　経営管理制度、安全生産管理制度とサービス品質保証制度の文書。
（八）　法律・法規が提供を要求する他の書類。

初めてネットタクシー運営に従事する場合、企業登録地の関連するタクシー行政関連部門に申請書を提出する必要がある。同条第（五）号、第（六）号のネットサービス提供能力に関する資料に関しては、ネットタクシー予約プラットフォーマーの登録地の省レベルの交通運輸管轄部門が同レベルの通信、公安、税務、ネット信用、人民銀行等の部門がそれぞれ審査認定をした上で認定結果を提供し、認定結果は全国において有効である。ネット予約タクシープラットフォーマーが登録地以外にネット予約タクシー事業の運営に申請した場合、同条第（五）号、第（六）号のネットサービス提供能力認定結果を提出しなければならない。

その他のオフラインサービス提供能力に関する資料は、申請を受理するタクシー行政管理部門が審査する。

第七条　タクシー行政管理部門は申請を受理した日から20日以内に、許可又は不許可の決定を出す。20日以

内に決定を出せない場合、実施機構責任者の許可を得て、10日間延長することができる。その際に、期間延長の理由を申請者に伝えなければならない。

第八条 タクシー行政管理部門がネット予約タクシー経営申請に対して、行政許可決定を出す場合、経営範囲、経営区域、経営期間等を明確にし、「ネット予約タクシー経営許可証」を発行する。

第九条 タクシー行政管理部門が規定した要件を満たさない申請に対して行政許可決定を出さない場合、申請者に対して、「行政許可を授与しない決定書」を発行する。

第十条 ネット予約タクシープラットフォーマーはまず「ネット予約タクシー経営許可証」を取得し、かつ企業登録地の省レベルの通信管理部門に対してインターネット情報サービスの登録を申請した後、初めて関連業務を展開することができる。登録内容には、経営者の身分情報、ネット接続情報、タクシー行政管理部門が発行した「インターネット予約タクシー経営許可証」等が含まれる。電気通信事業を経営する場合、電気通信管理の関連規定を満たさなければならない。

ネット予約タクシープラットフォーマーはインターネットに正式に接続した日から30日以内に、インターネット予約タクシープラットフォーマー管理運営機構所在地の省レベルの人民政府公安機構指定の受理機構において、登録手続きをしなければならない。

第十一条 ネット予約タクシープラットフォーマーがその運営を中止または終了する場合、30日前までサービス所在地のタクシー行政管理部門に書面で報告し、関連状況を説明し、サービスを提供する車両所有者と運転手に通達をし、社会に向けて公告をしなければならない。運営を終了させる場合、「ネット予約タクシー経営許可証」を元の許可機構に返さなければならない。

第三章　ネット予約タクシーの車両と運転手

第十二条 ネット予約タクシー運営に従事しようとする自動車は、以下の要件を満たさなければならない。
　（一）7人乗りまたはそれ以下の乗用車。
　（二）運転記録機能付きの車両GPS位置情報提供追跡システム、応急警察通報システムを設置すること。
　（三）車両技術性能が運営安全に関する基準と要求に適合すること。
車両の具体的な基準とその運営に対する要請は、関連するタクシー行政管理部門が、高品質なサービスを提供し、運営の差別化を図るという発展原則に従って、当地の実際状況に照らして確定する。

第十三条 サービス所在地タクシー行政管理部門が車両所有者またはネット予約タクシープラットフォーマーの申請により、第十二条の規定の要件に従って審査した後、要件を満たし、かつタクシー運営に予約登録した車両に対して、「ネット予約タクシー運輸証」を発行する。

都市人民政府がネット予約タクシーに対する「ネット予約タクシー運輸証」の発行に関して別途規定を設けた場合、その規定に従う。

第十四条 ネット予約タクシーサービスに従事する運転手は、以下の要件を満たさなければならない。
　（一）相応の車種の運転免許を取得し、3年以上の運転経歴を持つ。
　（二）交通事故を起こす犯罪をしたことがなく、危険運転の記録がなく、覚醒剤を使用した記録がなく、飲酒運転した記録がなく、連続的に3つの点数計算周期において12点を全部減点された記録がない。
　（三）暴力犯罪を起こした記録がない。
　（四）都市人民政府が規定した他の要件。

第十五条 サービス所在地に区を設けた市レベルのタクシー行政管理部門が運転手またはネット予約タクシープラットフォーマーの申請により、第十四条が規定した要件に従って審査し、所定の検定を完了した後、要件を満たし、検定に合格した運転手に対して、「ネット予約タクシー運転手証」を発行する。

第四章　ネット予約タクシー運営行為

第十六条 ネット予約タクシープラットフォーマーが輸送責任者として責任を負い、運営の安全性を保証し、乗客の合法的な権利・利益を保障する。

第十七条 ネット予約タクシープラットフォーマーはサービス提供者の合法的な運営資質を有し、技術状況が良好であり、安全性能が信頼でき、運営車両の関連保険に加入しており、ネット上に登録されている車両と実際にサービスを提供する車両が一致することを保証し、車両の関連情報をサービス所在地のタクシー行政管理部門に申告する。

第十八条 ネット予約タクシープラットフォーマーはサービスを提供する運転手が合法的な就労資格を有することを保証し、関連する法律・法規の規定により、就労時間、サービス頻度等の特徴によって、運転手と様々な形での就労契約または協定を締結し、双方の権利と義務を明確にする。ネット予約タクシープラットフォーマーは運転手の合法的な権利・利益を保護・保障し、法律・法規、職業道徳、サービス規範、安全運営等の面の職業訓練と日常教育を展開し、ネット上登録されている運転手と実際にサービスを提供する運転手が一致することを保証し、運転手の関連情報をサービス所在地タクシー行政主管部門に申告する。

ネット予約タクシープラットフォーマーは、運転手、タクシー予約者がそのサービスプラットフォームに登録した情報の内容、利用者登録情報、身分認証情報、オーダーフォーム情報、ネット利用情報、オンライン取引情報、運転路線情報等のデータを記録し、バックアップを取る。

第十九条 ネット予約タクシープラットフォーマーは国の関連規定に適合する走行距離・料金計算形式を確

定・公表し、サービス評価体系と乗客の苦情処理制度を整備し、実際の通りに運転手のサービス情報を記録しなければならない。ネット予約サービスを提供する際に、運転手の姓名、写真、携帯番号、サービス評価結果、及び自動車登録番号等の情報を提供する。

第二十条 ネット予約タクシープラットフォーマーは合理的にネット予約タクシーの利用料金を確定し、定価を示し、乗客にタクシー利用領収書を提供しなければならない。

第二十一条 ネット予約タクシープラットフォーマーは市場の平等な競争を妨害してはならず、乗客の合法的な権利・利益と社会公共利益を侵害してはならない。

第二十二条 ネット予約タクシーは許可された営業区域内で営業活動を従事し、許可された営業区域を出る場合、起点と終点のどちらかが許可された営業区域内に位置しなければならない。

第二十三条 ネット予約タクシープラットフォーマーは法律に従って税金を納付し、企業の負担で乗客を乗客責任保険等の関連保険に加入させ、乗客の権利・利益を充分に保障しなければならない。

第二十四条 ネット予約タクシープラットフォーマーは安全管理を強化し、運営、ネット等に関する安全防犯措置を確実にし、データの安全保護と管理を厳重にし、安全防犯とリスク管理能力を向上させ、関連部門と連携して関連業務を展開する。

第二十五条 ネット予約タクシープラットフォーマーと運転手が運営サービスを提供する際に、国家の関連する運営サービス基準を遵守しなければならず、途中に乗客を追い出したり、わざと遠回りしたり、規制に違反して費用を徴収したりしてはならず、告発をし、そのサービスの質に苦情を呈し、またはそのサービスに対して満足しないと評価した乗客に対して、報復行為を実施してはならない。

第二十六条 ネット予約タクシープラットフォーマーはそのサービスプラットフォームを通じて、分かりやすい形をもって、運転手、タクシー予約者と乗客等の個人情報の収集と使用目的、方式と範囲を告知しなければならない。当事者の明示の同意がない場合、ネット予約タクシープラットフォーマーは前述した個人情報を他の業務に利用してはならない。

ネット予約タクシーサービス提供に必要な範囲内においてのみ、ネット予約タクシープラットフォーマーが運転手、タクシー予約人と乗客の個人情報を収集することができる。

国家機構が法律に従って監督検査権または刑事偵察権を行使する場合を除いて、ネット予約タクシープラットフォーマーはいかなる第三者に対しても、運転手、タクシー予約人、乗客の氏名、連絡先、現住所、口座・決済情報、地理位置、出行ルート等の個人情報を提供してはならず、地理座標、地理標識物等国家安全に関わるセンシティブ情報を漏洩してはならない。情報が漏洩された場合、ネット予約タクシープラットフォーマーは速やかに関連管理部門に報告し、迅速かつ有効に救済措置を取らなければならない。

第二十七条 ネット予約タクシープラットフォーマーは国のネットと情報安全関連規定を遵守し、収集した個人情報と生成した業務データを、中国大陸において保存・使用すべきであり、保存期間は2年間以上でなければならず、法律・法規が別途の規定を設ける場合以外、前述した情報とデータを外部に流出させてはならない。

ネット予約タクシープラットフォーマーはそのサービスプラットフォームを利用し、法律・法規に禁止される情報を宣伝してはならず、企業、個人と他の団体、組織が有害な情報を宣伝するために便宜を図ってはならず、有効な措置を取り、有害な情報の拡散を阻止しなければならない。他人がそのネットサービスプラットフォームを利用して有害な情報を散布していると発覚した場合、速やかにその転送を停止し、関連記録を保存し、国の関連機構に報告しなければならない。

ネット予約タクシープラットフォーマーは法律規定に従い、公安機構が法律に従って国の安全保障措置を展開し、違法犯罪活動を防止、調査するために必要な技術支援と協力を提供すべきである。

第二十八条 あらゆる企業と個人は合法的な資格を取得できていない自動車、運転手に対して情報を提供し、ネット予約タクシー運営サービスを展開させてはならない。私用車同乗の名義でネット予約タクシー運営サービスを提供してはならない。

ネット予約タクシーと運転手は、営業許可を取れていないネットサービスプラットフォームを通じて営業サービスを提供してはならない。

第五章　監督検査

第二十九条 タクシー行政管理部門は政府監督プラットフォームを設立・整備し、ネット予約タクシープラットフォームとの情報共有を実現すべきである。共有する情報の中には、車両と運転手の基本情報、サービス品質と乗客の評価情報等が含まれるべきである。

タクシー行政管理部門はネット予約タクシーの市場監督管理を強化し、ネット予約タクシープラットフォーマー、車両と運転手の資質審査と資格証交付の管理を強化すべきである。

タクシー行政管理部門は定期的にネット予約タクシーサービス品質評価を組織し、本地域のネット予約タクシープラットフォーマーの基本情報、サービス品質評価結果、乗客苦情処理状況等の情報を社会に迅速に公開しなければならない。

タクシー行政管理、公安等の部門は管理業務の必要に応じて、法律に従って管轄範囲内のネット予約タクシープラットフォーマーの登録、運営と交易等の関連データ情報を検索・閲覧する権利がある。

第三十条 通信管理部門と公安、ネット信用部門が各自の職責に応じて、ネット予約タクシープラットフォーマ

ーが違法に個人情報を収集、保存、処理及び利用し、ネット情報サービス関連規定に違反し、ネットと情報安全を害し、ネット予約タクシーサービスプラットフォームを利用して有害な情報を発表し、または企業、個人及びその他の団体組織が有害な情報を発表するために便宜を図る行為に対して、法律に従って取締し、タクシー行政管理部門と協力して、法規に反する行為を行ったと認められるネット予約タクシープラットフォーマーに対して、法に従って処分を行う。

公安機構、ネット信用部門は各自の職責に応じて、ネット安全管理制度と安全保護技術措置の適用状況を監督・検査し、関連する違法犯罪活動を防止し、取り締まる。

第三十一条 発展改革、価格、通信、公安、人力資源社会保障、商務、人民銀行、税務、工商、品質検査、ネット信用等の部門が各自の職責の下で、ネット予約タクシー経営活動に対して監督検査を実施し、違法行為に対して法律に従って処分を行う。

第三十二条 各関連部門は職責に従ってネット予約タクシープラットフォーマーと運転手の信用状況を記録し、それを全国信用情報シェアリングプラットフォームに入力する。同時に、ネット予約タクシープラットフォーマーの行政許可と行政処罰等の信用情報を全国企業信用情報公開システムにおいて公開する。

第三十三条 タクシー業界協会組織はネット予約タクシープラットフォーマーと運転手の不良記録リスト制度を整備し、業界の自律を強化すべきである。

第六章 法律責任

第三十四条 本規定に違反し、下記の行為を行った場合、県レベル以上のタクシー行政管理部門が改正するよう警告・命令し、10,000元以上30,000元以下の罰金を科す。

（一）経営許可証を取得することなく、ネット予約タクシーの営業活動に勝手に従事、または実質的に従事する場合。

（二）「ネット予約タクシー運輸証」、「ネット予約タクシー運転手証」を偽造、変造し、または偽造、変造、失効したそれらの書類を使用し、ネット予約タクシーの営業活動に従事する場合。

第三十五条 ネット予約タクシープラットフォーマーが本規定に違反し、以下のいずれの行為をした場合、県レベル以上のタクシー行政管理部門と価格管理部門が職責に従って改正を命令し、その違法行為に対して、一回あたり5,000元以上10,000元以下の罰金に処し、事案が重大である場合、10,000元以上30,000元以下の罰金を科す。

（一）サービス提供車が「ネット予約タクシー運輸証」を取得せず、またはネット上に登録したサービス提供車と実際のサービス提供車が一致しない場合。

（二）サービス提供運転手が「ネット予約タクシー運転手証」を取得せず、またはネット上に登録したサービス提供運転手と実際のサービス提供運転手が一致しない場合。

（三）規定に従って車両の技術状況が良好であることを保証しない場合。

（四）起点・終点のどちらも許可した経営区域内にないにも関わらず、ネット予約タクシー運営活動に従事した場合。

（五）規定に従ってサービスを提供する自動車、運転手の関連情報をサービス所在地のタクシー行政管理部門に申告しなかった場合。

（六）規定に従ってサービス品質基準を制定せず、苦情・告発制度を設立・整備しなかった場合。

（七）規定に従って情報共有をせず、またはタクシー行政管理部門が関連するデータ情報を検索・閲覧することに協力しない場合。

（八）管理責任を履行せず、顧客を追い出したり、意図的に遠回りしたり、違法に費用を徴収したり等、国家の関連運営サービス基準に対して重大な違反がある場合。

ネット予約タクシープラットフォーマーがオンライン・オフラインでのサービス提供能力をなくし、または重大な違法行為をした場合、県レベル以上のタクシー行政管理部門が関連する法律・法規上の関連規定に従って、業務停止を命令し、関連する資格を取り消す。

第三十六条 ネット予約タクシー運転手が本規定に反し、以下のいずれの行為を行った場合、県レベル以上のタクシー行政管理部門と価格管理部門が職責に従って改正を命令し、毎回の違法行為に対して、50元以上200元以下の罰金を科す。

（一）規定に従って「ネット予約タクシー運輸証」、「ネット予約タクシー運転手証」を携えていない場合。

（二）途中で乗客を追い出し、または意図的に遠回りをする場合。

（三）規定に反して費用を徴収する場合。

（四）告発、サービスの品質に対する苦情申立、またはそのサービスに対して低い評価を出す乗客に対して、報復行為を実施した場合。

ネット予約タクシー運転手が就業条件を持たなくなり、又は重大な違法行為をした場合、県レベル以上のタクシー行政管理部門が法律・法規の関連規定に従って、その就業資格を取り消し、又は取り上げることにする。

ネット予約タクシー運転手に対する行政処罰情報は運転手とネット予約タクシープラットフォーマーの信用情報に登録する。

第三十七条 ネット予約タクシープラットフォーマーが本規定の第10、18、26、27条の関連規制に違反した場合、ネット信用部門、公安機構と通信管理部門が各自の職責に応じて、関連法律・法規に従って処罰をする。情報主体に損失をもたらした場合、法律によって民事責任を負う。犯罪の容疑がある場合、刑事責任を追及する。

ネット予約タクシープラットフォーマーが要請に従って、公安機構が国家安全業務を展開し、違法犯罪活動を防止、調査するための技術的支援と協力を拒否する場合、公安機構が法律に従って処罰を行う。犯罪を構成する場合、法律に従って刑事責任を追及する。

第七章　附則

第三十八条　個人乗用車の相乗り、または「拼車」、「順風車」は、都市人民政府の関連規定に従って行う。

第三十九条　ネット予約タクシーの走行距離が 60 万キロを超えた場合、強制的に廃棄処分に処する。走行距離が 60 万キロ未満で、使用年数が 8 年間に達した場合、ネット予約タクシーの運営から除外する。

　小型非乗用車が予約タクシー乗客輸送業に登録した場合、ネット予約タクシーの廃棄基準に従って廃棄する。その他の小型乗用車が予約タクシー乗客輸送業に登録した場合、当該類型の運営乗用車廃棄基準と、ネット予約タクシー廃棄基準の中に、先に達した基準に従って廃棄処分に処する。

　省、自治区、直轄市人民政府関連部門は当地の実際の状況に応じて、ネット予約タクシー廃棄基準の具体規定を作り、国務院商務、公安、交通運輸等の部門に申告しなければならない。

第四十条　本弁法は 2016 年 11 月 1 日から実施される。各地が本弁法に従って、現地の実際の状況に応じて、具体的な実施規則を作ることができる。

労働政策研究報告書　No. 202
中国におけるシェアリング・エコノミー下の「新たな就労形態」と就労者保護
　　──その光と影

定価（本体1,000円＋税）

発行年月日	2019年 3月 29日
編集・発行	独立行政法人　労働政策研究・研修機構
	〒177-8502　東京都練馬区上石神井4-8-23
（照会先）	研究調整部研究調整課　TEL:03-5991-5104
（販　売）	研究調整部成果普及課　TEL:03-5903-6263
	FAX:03-5903-6115
印刷・製本	有限会社　正陽印刷

Ⓒ2019　JILPT　　　ISBN978-4-538-88205-5　　Printed in Japan

＊労働政策研究報告書全文はホームページで提供しております。（URL:https://www.jil.go.jp/）